불교수업

불교수업

2024년 2월 8일 초판 1쇄 인쇄
2025년 3월 17일 초판 3쇄 발행

엮은이 동국대학교 건학위원회
발행인 박기련
발행처 동국대학교출판부

출판등록 제1973-000004호(1973. 6. 28)
주소 04626 서울시 중구 퇴계로36길2 신관1층 105호
전화 02-2264-4714
팩스 02-2268-7851
홈페이지 http://dgpress.dongguk.edu
이메일 abook@jeongjincorp.com
인쇄 신도인쇄

ISBN 978-89-7801-994-1 (03220)

값 13,000원

이 책의 무단 전재나 복제 행위는 저작권법 제98조에 따라 처벌 받게 됩니다.

불교수업

동국대학교 건학위원회

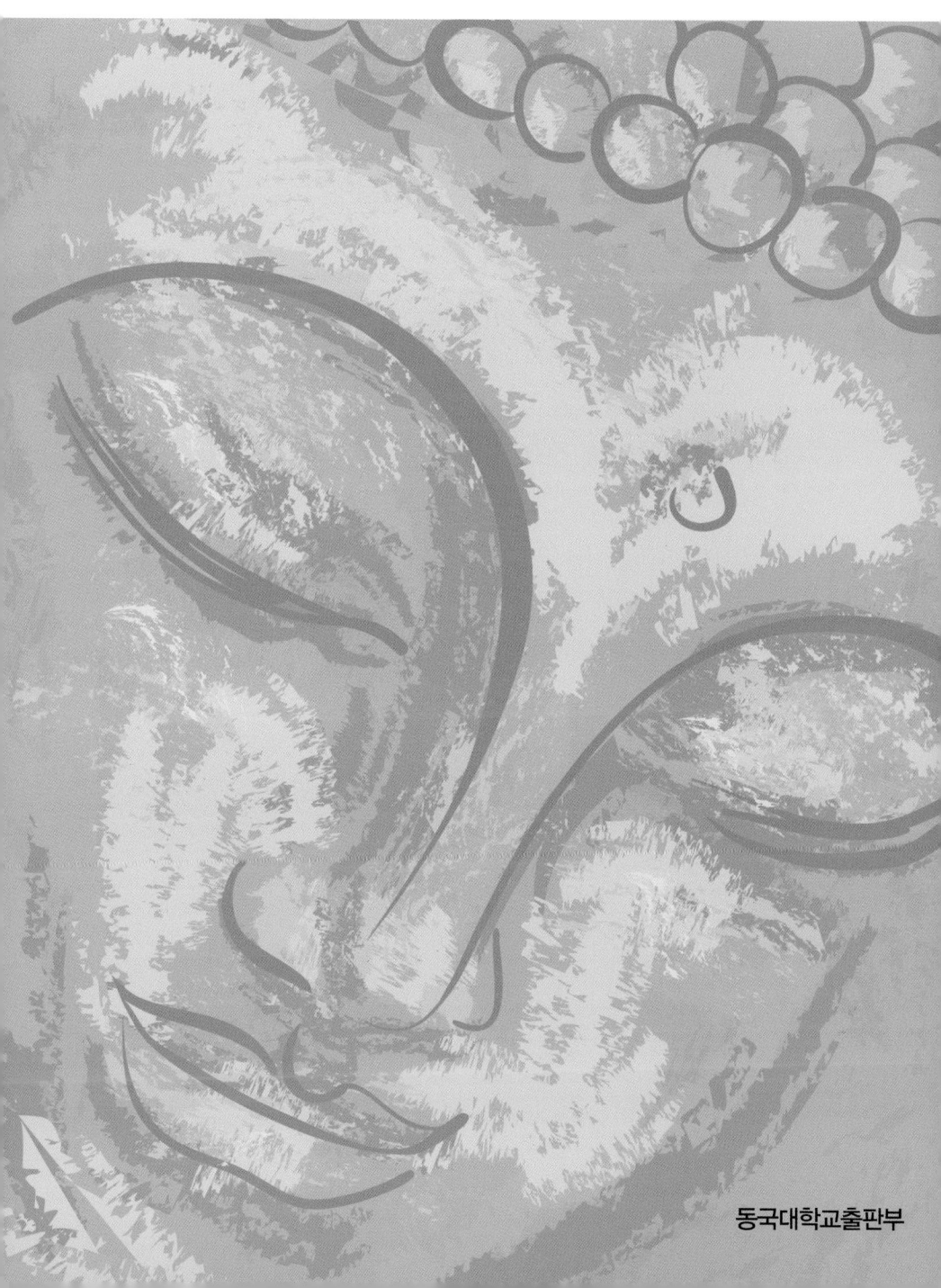

동국대학교출판부

머리말

인류는 보다 나은 삶을 위해 끊임없는 변화와 발전을 추구해 왔다. 눈부신 과학기술의 발달로 오늘날의 인류는 문명사회의 혜택을 다양하게 누리고 있지만, 고통이라는 문제에서는 자유롭지 못하다. 바로 이 고통의 문제를 정면으로 바라보며, 근원적 해결을 제시한 종교가 불교이다. 불교는 고따마 붓다의 가르침을 따르는 종교로서, 붓다는 삶의 실제를 바로 통찰하여 어떻게 하면 우리가 고통에서 벗어나 편안하고 행복한 삶을 살아갈 수 있을까에 대한 길을 제시했다.

본 교재는 동국대학교에 입학한 신입생이 쉽게 불교를 이해하고 공부할 수 있도록 편찬되었다. 불교가 탄생한 지 2,600여 년, 그리고 한반도에서 불교가 들어온 지 1,700여 년이 되었다. 그러나 많은 사람이 문화재를 통해 불교를 만날 뿐 붓다의 가르침에 대해서는 잘 알지 못한다. 근대화 과정에서 불교는 낡은 가르침이라고 인식되었고, 온갖 편견과 선입견으로 잘못 알려진 부분이 적지 않다.

그래서 동국대학교에 입학한 대학생들에게 붓다의 가르침이 무엇인지 쉽게 이해할 기회를 제공하기 위한 취지에서 본 교재를 편찬하게 되었다.

본 교재는 11장으로 구성되었다. 1장은 종교에 대한 일반적인 이해를 담았으며, 2장부터 9장까지는 불교의 철학과 역사를 다루었다. 그리고 10장과 11장에서는 불교가 세계화되는 과정과 현대사회에서 어떤 역할을 하고 있으며, 어떠한 가르침을 제시하고 있는지를 소개했다. 가능한 불교 교리와 사상은 기본개념 위주로 쉽게 서술했으며 한자 위주의 문장은 최대한 한글화하고자 노력했다. 그리고 사진과 도표를 적절하게 사용하여 학생들이 보다 쉽게 이해할 수 있도록 했고, 학생들이 수업에 적극적으로 참여할 수 있도록 책의 말미에 "생각해 볼까요?"라는 활동지를 장별로 정리하여 구성했다.

본 교재는 불교입문서라는 성격에 부합하게 교재의 제목을 '불교수업'으로 정했다. 대학에 입학해서 처음 만나는 불교 교양강좌에 고등학교 시절 '수업'시간의 감성을 입혔다. 너무 어렵지도, 그렇다고 가볍지도 않은 '수업'시간이 될 것이다.

이 한 권의 책에 불교의 모든 것을 담을 수는 없지만, 붓다의 철학과 역사를 이해하고, 현대사회에서 불교가 어떤 역할을 하고 있는지를 살펴보는 데 도움을 줄 것이라 생각한다. 대학생들의 눈높이에 맞추기 위해 강의하는 교수들의 조언과 학생들의 의견을 최대한 수렴하도록 노력했다. 새롭게 펴낸 〈불교수업〉이 동국대학교의 학생들은 물론 일반 독자들에게도 인생과 학문의 성장에 보탬을 줄 수 있는 유익한 교재가 되기를 바란다.

2024년 2월
동국대학교 건학위원회

차 례

머리말   5

제1장 종교란 무엇인가

1. 종교의 기원   13
2. 종교의 어원   16
3. 종교의 정의   18
4. 불교의 종교적 특징   20

제2장 붓다 당시의 인도사회와 사상

1. 정통 브라만 사상   27
2. 자유사상가들의 사문사상   31

제3장 붓다의 일생

1. 탄생과 출가   39
2. 고행과 깨달음   42
3. 교화활동과 반열반   44

제4장 사성제

1. 괴로움이라는 진리   51

2. 괴로움의 발생이라는 진리　　　　　　　　55
3. 괴로움의 소멸이라는 진리　　　　　　　　56
4. 괴로움의 소멸로 이끄는 길이라는 진리　　57

제5장　오온·십이처·십팔계

1. 오온　　　　　　　　　　　　　　　　　63
2. 십이처　　　　　　　　　　　　　　　　69
3. 십팔계　　　　　　　　　　　　　　　　71

제6장　삼법인

1. '법'의 개념　　　　　　　　　　　　　　75
2. 도장(mudra, 印)의 의미　　　　　　　　　78
3. 구체적 의미와 논리적 구조　　　　　　　79

제7장　연기

1. 연기라는 말뜻　　　　　　　　　　　　　87
2. 인과 연의 화합　　　　　　　　　　　　87
3. 인과의 법칙　　　　　　　　　　　　　　89
4. 서로 의존하고 관계를 맺음　　　　　　　89
5. 12연기　　　　　　　　　　　　　　　　91

제8장　업과 윤회

1. 업의 의미　　　　　　　　　　　　　　　99
2. 윤회　　　　　　　　　　　　　　　　　100
3. 육도와 삼계　　　　　　　　　　　　　　102
4. 업과 윤회 사상의 의의　　　　　　　　　108

제9장 대승불교운동

1. 대승불교의 성립과 전개 113
2. 보살 사상 117
3. 보살의 수행 119

제10장 불교의 전파와 세계화, 그리고 명상

1. 인도를 넘어 세계로 125
2. 서구사회에서 불교의 정착: 불교학과 생태주의 126
3. 불교의 대중화와 명상 128
4. 명상과 사회변화 132

제11장 불교와 현대사회

1. 생태 139
2. 인권 145
3. 경제 151
4. 사회복지 157
5. 4차산업혁명과 AI 162
6. 문화 169

참고문헌 179

별첨 생각해 볼까요?

제1장 종교란 무엇인가 185
제2장 붓다 당시의 인도사회와 사상 187

제3장	붓다의 일생	189
제4장	사성제	191
제5장	오온·십이처·십팔계	193
제6장	삼법인	195
제7장	연기	197
제8장	업과 윤회	199
제9장	대승불교운동	201
제10장	불교의 전파와 세계화, 그리고 명상	203
제11장	불교와 현대사회_생태	205
	불교와 현대사회_인권	207
	불교와 현대사회_경제	209
	불교와 현대사회_사회복지	211
	불교와 현대사회_4차산업혁명과 AI	213
	불교와 현대사회_문화	215

제1장

종교란 무엇인가

종교의 기원 | 종교의 어원 |
종교의 정의 | 불교의 종교적 특징

佛教授業

　고대에서부터 인간은 세계와 그 세계에서 살아가는 인간의 탄생과 죽음에 관심을 가지며 세계와 인간이 생성된 방법과 존재 이유, 운영 방식 등을 알고 싶어 했다. 프랑스 화가 폴 고갱의 작품 '우리는 어디서 왔고, 우리는 무엇이며, 우리는 어디로 가는가'는 인간의 세계에 대한 사유를 대변한다.
　인간의 이러한 물음에 종교와 철학과 과학이 답해왔으며, 그 시작은 철학도 과학도 아닌 종교가 이끌었다. 오히려 종교의 세계 탐구와 사유는 철학과 과학을 발전시켰다. 종교는 이 세계를 인간이 사는 내적 세계인 세속과 인간보다 우월한 힘을 가진 초월적 존재가 사는 외적 이상 세계로 나누어 그 해답을 찾고자 했다. 때때로 과학은 종교적 세계관의 형이상학적 해답이 허구임을 증명하지만, 오늘날에도 종교는 여전히 인간의 삶을 지배하고 있다. 이것이 인간을 이해하는데 있어서 종교가 중요한 위치를 차지하는 이유다.

1. 종교의 기원

　야생 동·식물의 수렵과 채집 생활로 사회를 이끌어가던 인간은 약 1만 2,000년 전 메소포타미아 지역을 중심으로 농경과 목축 활동으로 정착 생활을 시작하면서 세계를 지배하고 문명을 발전시켰다. 식량을 얻기 위해서는 자연의 작동 원리를 이해하고, 자연을 지배해야만 했다. 이 과정에서 인간은 낮과 밤이 생기고, 비가 내리고, 가뭄과 홍수가 일어나고, 탄생과 죽음을 주관하는 실체에 의문을 품었다. 그 결과 자연을 관장하는 어떤 존재가 있다고 믿으며 숭배의 대상으로 삼았다. 지금까지 발견된 신전 중에서 세계에서 가장 오래된 신전으로 추정되는 튀르키예의 괴베클리 테페 신전이 그것을 입증한다.

　자연을 숭배하던 고대인들은 신전에서 해, 달, 별, 폭풍, 계절 등을 인격화하여 의식을 치렀고, 학자들은 이러한 자연현상의 인격화

괴베클리 테페 신전

이집트 태양 숭배 아크나톤과 그 가족

를 종교상징이라고 주장한다. 그들은 종교상징을 낳은 원초적 세력을 밝히는 것에 몰두하였는데, 원시종교는 태양신을 중심으로 한다는 주장이 전개되었다. 한편, 막스 뮐러(Max Müller)는 유럽과 인도의 종교들을 비교하면서 자연신화의 작용을 밝히고자 했고, 미르체아 엘리아데(Mircea Eliade)는 신화에서 보여주는 어둡고 무질서하고 혼돈의 삶(chaos)으로부터 밝고 질서 있는 삶(cosmos)으로의 지향이 원시종교의 구원론이라고 규정했다. 그러면서 신화는 '성스러운 역사에 관한 이야기'이며, 의례는 신화에 나오는 창조와 기원을 재현하는 것으로 '성스러운 세계로 안내하는 문'이라고 보았다.

비교종교학 방법론의 개진으로 찰스 드 브로스(Charles de Brosses)는 무생물이나 생물이 신비한 힘을 가졌다고 믿었고 이들을 숭배하는 주물(呪物) 숭배가 원시종교의 형태라고 주장했다. 인류학자 에드워드 타일러(Edward B. Tylor)는 인간을 포함한 자연물에 독자적으로 존재하는 초경험적이고 비물질적인 정령이 존재한다고 믿으며 숭배하는 신앙을 종교의 기원이라고 보고, 이것을 애니미즘(animism)이라고 정의했다. 에밀 뒤르켐(Émile Durkheim)은 인간의 사회적 경험이라는 입장에서 종교를 파악하여, 동식물이나 자연물이 부족이나 씨족 등의 사회공동체와 특별한 관계를 맺고 있다고 믿으며 그것을 그 집단의 상징으로 여기는 토테미즘(totemism)을 종교의 기원으로 보았다.

제주 삼승할망

산신

장승

또 다른 한편에서는 종교 기원 문제를 진화론적 관점으로 접근하면서, 종교의 진화를 도출해 내기에 이른다. 그 첫 단계는 물질이나 현상에 정령이 깃들어 있다고 믿는 정령신앙인 애니미즘이다. 다음으로 정령을 개별적 신으로 보는 다신교(多神敎, polytheism) 단계로 이어지고, 이는 다시 다수의 신 가운데 특정한 어느 한 신만을 우월한 존재로 인식하는 대표신교(代表神敎, henotheism)로 발전했다. 마지막으로 오직 단 하나의 절대적 힘을 가진 신만이 있다고 믿는 유일신교(唯一神敎, monotheism)가 형성되었으며, 이 유일신교를 가장 발달되고 완전한 종교의 형태라고 보는 것이다. 빌헬름 쉬미트(Wilhelm Schmidt)는 원시사회에도 세계를 창조한 최고신 신앙이 존재했다고 주장하면서 원시적 유일신교, 다신교, 애니미즘, 주술로 이어지는 역사적 전개 도식을 내놓았다. 이것으로 종교의 원초적 모습을 애니미즘, 주술, 다신교 단계로 이어진다고 보는 진화론적 도식이 근거 없는 학설임이 밝혀졌다. 제임스 프레이저(James Frazer)는 우주의 현상과 법칙을 이해하는 주술사를 통해 종교가 주술(呪術)에서 발전한 것이라는 학설을 내세우며 샤머니즘(shamanism)을 종교의 기원으로 보고 주술, 종교, 과학 단계로 진화하여 간다고 주장했다. 하지만 이들의 진화론적 종교의 기원 주장은 가설로만 남으면서 최초의 종교 형태의 규명 방법은 지금까지도 확정된 것 없이 진행 중이다.

2. 종교의 어원

'종교'로 번역되는 영어 'religion'은 라틴어 'religio'에서 파생한 단어이다. 고대 그리스와 로마에서 religio는 신들을 찬양하고 존경하는 뜻을 표상하는 의례, 의식, 의무, 서약, 맹세 등을 가리키면서 '신'을 위한 의례로 예배 행위를 지칭하는 말이었다. 루크레티우스(Lucretius)는 religio를 "하늘에서 무시무시한 얼굴로 인간을 주시하고 있는" 천상의 존재로 인격화하며, 인간 외부 세계에 존재하는 '어떤 것'으로 지칭하면서 동시에 종교적 행위나 준수의 개념으로 사용하기도 했다. 반면에 키케로(Cicero)는 신들에 관심을 가지면서 하나의 감정 내지는 삶의 질, 경건한 태도 또는 행위, 신들을 향한 근면함 등과 같은 인간 삶의 어떤 일반적 현상을 religio라고 했다.

이후 그리스도가 지배적인 전통 종교로 자리 잡은 서구 문화에서 religio는 그리스도인들이 이를 적극적으로 수용하면서 점차 보편적 용어로 발전했다. 이때의 religion은 '다시'라는 의미를 지닌 접두어 're'와 '결합하다, ~을 묶다'라는 의미를 지닌 'ligare'를 조합해서 만든 단어로 이해한다. 그들은 religion을 그들의 신인 '하느님과 인간의 재결합'을 의미하는 것으로 해석하며, 신과 인간의 유대적 관계를 나타내는 말로 사용했다. CE 4세기경 락탄티우스(Lactantius)는 "한 종교는 옳고 다른 종교들은 그르다"는 생각을 하고 있었다. 그는 '참된 종교(vera religio)'와 '거짓 종교(falsa religio)'를 구분하여 "하느님을 예배하는 것"은 옳고 참된 종교이며, 전통적인 의례 행위와 예식 행위는 악하고 그릇된, 거짓 종교라고 확신한다. 따라서 서구 문화에서 religion은 그리스도교의 신을 중심으로 한 종교적 사고 체계를 상징한다.

한편, 동아시아와 같은 한자문화권에서 종교를 지칭하는 한자는 붓다의 근본적인 최상의 교의를 가리켜 '종(宗)', 그리고 그 가르침을 설한 교법을 '교(敎)'라고 분류했다. '종교'는 '진리에 대한 가르침'이라는 뜻으로 불교를 중심으로 사용하는 용어였다. 그러다가 1868년 미국공사관에서 일본 정부로 보낸 문서에서 religion의 번역어로 종

용어	의미	비고
Religion	• 초월적 존재를 위한 행위 일체 • 신과 인간의 재결합	• 신에 대한 신앙 행위에서 그리스도교를 지칭하다가 보통명사로 발전
宗教	• 궁극적 진리에 대한 붓다의 가르침	• 불교 지칭 용어에서 Religion의 번역어로 사용

교를 채택하면서 보편적 개념으로서 종교라는 용어를 동아시아에서 처음으로 사용했다. 이를 계기로 일본의 철학자 이노우에 테츠지로(井上哲次郎)가 1881년에 저술한 『철학자휘(哲學字彙)』에서 religion의 번역어로 종교를 사용하면서 동아시아에 종교라는 용어가 정착되었다.

3. 종교의 정의

'종교'는 서양 학자들에 의해 19세기에 이르러서야 정립된 용어이다. 종교의 개념은 오랜 시간에 걸쳐 전개되고 확산한 복잡성을 지니는데, 다양한 정의의 도출로 개념화하고 있어 간단명료하게 한마디로 정의하기가 쉽지 않다. 막스 베버(Maximilian Weber)는 "종교란 무엇인가를 규정짓는 것은 연구의 첫머리에서는 불가능한 일이다."라고 일축했다. 종교에 관한 깊이 있는 연구 없이는 포괄적이고 결정적인 정의를 내리는 것이 어렵다고 본 것이다. 사람들마다 각자 처한 자연적·사회적 환경과 문화, 종교적 체험과 관점이 달라서 그 상황만큼이나 정의도 다양하게 제시할 수 있기 때문이다.

그렇다면 종교를 정의하는 것은 불가능한 것일까? 우리는 이미 어떤 특정한 현상이나 행위를 '종교'라는 개념으로 구분 짓고 있으므로 여기에는 종교를 정의하는 분명하고도 포괄적인 기준이 있어야 한다. 오늘날 학자들은 이런 복잡한 종교 정의에 관한 질문의 해답을 대략 세 가지 입장으로 구분해서 제시한다.

첫째, 종교란 초월적 영역에 관한 인간 행위와 상징이다. 원시사회에서부터 태양, 별, 달, 바람, 물, 하늘 등은 숭배의 대상이었다. 이들 자연물은 인간의 생존과 연결되어 고도의 문명이 발달한 오늘날에도 인간의 힘으로는 통제할 수 없는 인간 능력 밖의 존재이다. 그래서 이들은 '신'이라고 불리며 초월적 존재로 여겨졌다. 이러한 인간의 행위를 바탕으로 에드워드 타일러(Edward B. Tylor)는 종교를 "영적 존재에 대한 신앙"이라고 규정했다. 심리학자 빌헬름 분트(Willehlm Wundt)는 "공포와 같은 인간의 정서가 외부 환경에 투사된 것"이 종교라고 정의하였다. 그는 종교를 초자연적 실체를 숭배하거나 믿는 신념, 혹은 도덕 체계를 이룬 지적 결과로 보는 주지주의적(主知主義, intellectualist) 관점에서 벗어나 정서적·체험적 관점에서 해석하려고 시도하였다. 그런데 초경험적이고 초월적인 영역을 추구한 것을 종교라고 한다면, 불교와 같이 무신론을 주장하는 종교는 종교의 범주에 포함할 수 없는 문제가 생긴다.

둘째, 종교란 '성스러운 것(聖)'과 '세속적인 것(俗)'의 구분이다. 종교적 인간은 '성스러움'에 속한 가치를 수용하여 자신의 한계를 인정하는 것으로 세속적 삶의 방식을 탈피하려고 한다. '성스러운 것'에는 어떤 것에 궁극적으로 이끌려 거부와 수용의 서로 다른 두 가시의 양면적 감정이 일어난다. 어떤 것에 압도적이고 강력한 힘을 느끼면서 '장대함', '신비스러움', '매혹'과 같은 감정을 일으키며, 그것을 얻으려고 적극적으로 노력하고 그 힘이 자신에게 전해지기를 갈망한다. 그러면서도 또 다른 한편으로는 그것이 위험스러운 힘을 가졌다고 생각하며 '두려움'을 느끼고 거부하기도 한다. 종교학자 루돌프 오토(Rudolf Otto)는 이러한 '성스러운 것'에 대한 체험의 양면적 감정을 '누미노제(numinose)'라고 부르며, 종교는 성스러운 것에 대한 체험으로 '신비스럽고, 엄청나고, 매혹적인' 감정에 바탕을 둔 것으로 정의했다.

셋째, 종교란 유한하지 않은 '궁극적인 것'에 관심을 두는 것이다. 신학자 폴 틸리히(Paul Tillich)는 인간이 궁극적인 그 무엇에 관심을 두면서 '궁극적 관심(ultimate concern)에 사로잡힌 상태'가 종교라고 말한다. 그렇다고 궁극적 관심의 대상 모두가 종교라는 말은 아니다. 혹자는 틸리히가 말한 '궁극적 관심'은 사회에서 중심이 되는 가치의 궁극적인 의미와 그 가치의 배경이 되는 궁극적이고 성스러운 힘을 포함하고 있다는 뜻으로 해석한다. 다시 말해, 어떤 규범이나 관행에 대해 그것을 정하는 것에 그치지 않고 사회적 합의를 거쳐 정당화하거나 합법화를 이끌어내 궁극적 정당화의 기능을 하는 신앙과 상징을 '종교적인 것'으로 인정한다고 보는 견해이다.

4. 불교의 종교적 특징

각각의 종교가 차별성과 독창성을 가지는 것은 해당 종교가 지향하는 종교적 이념에 기반한다. 그런 맥락에서 보면, 불교 역시 다른 종교에는 없는 불교만의 특징이 있다.

첫째, 불교에서는 인간이 겪는 고통을 치유하여 완전히 벗어나기를 추구한다. 붓다는 왕자 시절 밭을 갈고 있는 농부의 쟁기질에 죽어가는 벌레들, 무거운 짐을 나르며 힘들어하는 소, 검게 탄 농부의 얼굴을 보며 "존재하는 것들은 진정 비참하구나. 어쩔 수 없이 병들고 늙고 죽어가는구나. 그런데도 그것을 보지 못하고 무지하고 눈이 멀었구나."라고 생각했다. 붓다는 병들고, 늙고, 죽는 인간의 삶에서 느끼는 고통의 근본적인 문제에 대한 답을 얻고자 했다. 붓다에게는 세상이 영원한지, 무한한지, 유한한지, 또는 죽은 후에도 존재하는지 등의 형이상학적 물음보다 지금, 이 순간의 고통에서 벗어나는 것이 더 중요했다.

  붓다는 지혜와 통찰로 존재의 실상을 관찰한 뒤 존재하는 모든 것은 태어나서 늙고 병들어 죽으며, 끝없는 윤회에 갇혀 괴롭다는 것을 깨달았다. 붓다는 우리가 그것을 알지 못하는 것은 바로 욕망과 무지함의 어둠에 갇혀 있기 때문이며, 우리가 실재한다고 믿으며 인식하고 경험하는 세계는 단지 그것을 개념화한 것일 뿐, 실제로 존재하는 것이 아니라고 말한다. 세상에 고정불변하는 실체는 없는데 우리는 그것이 영원히 존재하기를 바라고 그것을 놓치고 싶어 하지 않는 어리석음에 빠져있어 삶이 괴롭다는 것이다. 붓다는 변하지 않는 실체가 없음을 알고, 집착하는 마음을 일으키지 않을 때 우리는 비로소 고통에서 해방되어 자유로울 수 있다고 강조한다.

  둘째, 불교에서는 세계에서 일어나는 모든 현상과 결과는 인과관계로 나타난다고 본다. 우리가 경험하는 세계를 누군가는 우연이라고 말하고, 누군가는 신의 계획이라고 말하며, 누군가는 이미 결정된 숙명이라고 말한다. 불교는 초월적 존재에 의해 세계가 창조되있다거나 그의 계획에 따라 움직인다고 믿는 세계 창조와 작동 원리의 유신론적 해석을 거부한다. 불교는 원인과 결과의 인과법칙으로 세상을 바라본다. 그러므로 문제를 해결하기 위해서는 원인을 규명해야 하고, 그것은 객관적이고 논리적인 관찰로 실체를 파악할 때 가능하다. 서구 과학자들이 불교에 관심을 두는 이유는 이러한 불교의 연기론적 세계의 이해 방식 때문이기도 하다.

셋째, 불교에서는 내면의 통찰로 삶의 문제를 해결해야 한다고 가르친다. 삶을 괴로움에 빠뜨리는 것은 어떤 대상이나 느낌이 아니다. 마음이 그것에 집착하기 때문에 괴로운 것이다. 그래서 불교에서는 자신과 대상을 통해 일어나는 느낌, 감정, 생각을 항상 알아차림하는 것을 중요시한다. 명상은 호흡에 집중하여(사마타, samatha), 깊은 내면의 통찰(위빠사나, vipassanā)로 알아차림을 수련하는 수행법이다. 붓다는 6년간 고행하며 괴로움의 문제를 해결하려고 했지만 답을 얻지 못했다. 그가 깨달음을 얻을 수 있었던 건 바로 내면을 통찰하는 명상을 통해서였다. 서구에서 명상이 다양한 마음챙김 기반 스트레스 완화(MBSR) 프로그램으로 개발되어 인지과학, 심리학, 정신의학 등의 치료 방법으로 활용되며 주목받고 있는 이유가 거기에 있다. 훗날 유식과 화엄사상에서는 우리가 느끼는 행복과 불행은 외부의 대상 때문이 아니라 우리 내부의 마음이 만들어 낸 것(일체유심조, 一切唯心造)으로 본다. 그러므로 삶을 대하는 마음에 따라 우리의 삶도 변하게 된다.

넷째, 불교에서는 고통의 해결에 있어 자신의 의지와 노력이 필수 조건임을 강조한다. 붓다의 마지막 유언은 붓다도 신도 아닌 "자신을 섬으로 삼아 머물고, 진리를 섬으로 삼아 머물라"는 것이었다. 다수의 종교에서는 초월적 힘을 가진 존재인 '신'을 상정하고, 삶의 문제를 신에 의지하여 해결하려고 한다. 신이 내리는 은총과 구원만이 자신을 고통에서 해방시켜 줄 것이라고 믿는다. 그래서 '신'이 가진 구원의 힘이 절대적 가치라고 생각하므로 자신의 노력보다는 신의 뜻이 무엇보다 중요하다.

불교는 신에 의존하여 문제를 해결하려는 타력적 믿음보다는 자신을 믿고 의지하는 자력적 믿음을 중시하는 종교이다. 물론, 붓다 이후에 발전한 대승불교에서는 아미타불·약사여래·관세음보살·지장보살 등 고통 받는 이들을 구원하려는 불·보살이 등장한다. 하지만 이들 불보살의 역할은 해탈을 위한 하나의 신앙적 의지처일 뿐이다. 불교에서는 내가 겪고 있는 이 고통은 자신이 갈망한 감각적 욕망과 무지에서 비롯한 것이지, 신이 내린 벌이 아니라고 본다. 그러므로 그 문제를 해결할 수 있는 것은 자신뿐이다.

다섯째, 불교에서는 존재를 차별하지 않으며 비폭력과 자비를 강조한다. 전통적으로 인도는 신에게 동물을 바치는 희생 제의를 중요시했다. 이러한 인도의 전통적인 관습에 붓다는 동의할 수 없었다. 그것은 동물에 대한 폭력이다. 오계(五戒) 중에서 불살생계(不殺生戒)는 그런 불교의 비폭력주의를 표방한다. 붓다는 자신을 해치고자 하는 상대에게 분노의 마음을 갖는 것조차 경계하면서 "분노를 지닌 자는 나의 제자가 아니다."라고 말함으로써 폭력에 대한 강한 반대를 표명했다. 게다가 업과 윤회의 구조 속에서 타인을 향한 폭력은 악업이고, 그것은 곧 윤회하게 되는 씨앗이기도 하다.

불교에서는 비폭력과 무차별의 마음이 자비의 실천을 통해 실현될 수 있다고 가르친다. 나라는 존재는 없으므로 나와 타인의 구별이 있을 수 없다. 그러므로 나의 깨달음이 중요하듯이 타인의 깨달음도 중요하다. 붓다는 네 가지의 무량한 마음(사무량심, 四無量心)을 내야 한다고 가르쳤고, 대승불교에서는 자리이타(自利利他)를 강조한다. 나보다는 타인을 먼저 생각하고 배려하는 것, 그것이 자비이다. 불교에서는 이런 자비의 실천으로 나와 세상이 깨달음을 성취할 때가 진정한 행복이라고 말한다.

| 제 2 장 |

붓다 당시의
인도사회와 사상

정통 브라만 사상
자유사상가들의 사문사상

佛教授業

불교는 지금으로부터 2500여 년 전 인도에서 탄생했다. 불교는 어떤 사회적·사상적 배경 아래 탄생하게 되었을까?

불교를 창시한 고따마 붓다(Gotama Buddha)가 태어난 BCE 6~5세기 무렵 인도에는 두 가지 사상적 흐름이 있었다. 하나는 사회적으로 신성시되어 온 웨다(Veda)를 중심으로 하는 '정통 브라만(brahman, 바라문) 사상'이었고, 또 하나는 웨다의 권위를 인정하지 않고 자유롭게 사색하며 수행에 전념하는 '자유사상가들의 사문사상'이었다. 붓다는 이 가운데 후자에 속하는 자유사상가였지만, 그 사상이 웨다를 비롯하여 당시 존재했던 다른 사상들과 전혀 관계없이 이루어진 것은 아니다. 그러므로 당시 큰 흐름을 형성하고 있었던 두 사상이 무엇인지 살펴보는 것은 붓다의 가르침을 이해하는 데 도움이 될 것이다.

1. 정통 브라만 사상

인도는 세계 4대 문명 가운데 하나인 인더스 문명을 꽃피웠던 나라이다. 이 고도의 문명이 왜 멸망했는지에 대해서는 아직까지 정확하게 밝혀지지 않았지만, 여하튼 인더스 문명이 사라지고 난 후 인도에는 새로운 민족인 '아리아인'이 진출해 들어왔다. 원래 코카서스(Caucasus, 캅카스) 지방의 유목민이었던 이들은 힌두쿠시 산맥을 넘어 인도 서북부로 들어와 편잡(Panjāp) 지방에 정착하게 되는데, 이때가 BCE 1500년경이었다. 이렇게 새로운 삶의 터전을 마련한 아리아인들은 BCE 1200년경 인도의 가장 오래된 문헌인 『리그웨다(Ṛgveda)』를 시작으로, 대략 BCE 500년경까지 브라만 사상의 근본이 되는 성전들을 만들어 나갔다.

'웨다'는 '알다'라는 의미의 어근 위드(vid)에서 파생된 명사로, 지식 특히 종교적 지식을 의미하거나 그 지식을 담고 있는 성전을 총칭한다. 웨다에는 『리그웨다』, 『사마웨다(Sāmaveda)』, 『야주르웨다(Yajurveda)』, 『아타르와웨다(Atharvaveda)』의 네 종류가 있다. 또 각각의 웨다는 시대에 따라 성립된 네 층의 문헌으로 이루어져 있다. 신들에 대한 기도와 주문을 담고 있는 『상히따(Saṃhitā)』, 이 『상히따』에 부가된 산문 문헌인 『브라흐마나(Brāhmaṇa)』, 제사 의식을 설명하는 『아란야까(Āraṇyaka)』, 철학적 사유가 가장 두드러진 『우빠니샤드(Upaniṣad)』이다. 일반적으로 웨다라고 하면 핵심 부분인 『상히따』만을 가리키지만, 넓은 의미의 웨다는 그 밖의 문헌들을 모두 포함한다.

1) 웨다의 다신교와 궁극적 존재의 추구

웨다 가운데에서 가장 오래되고 중요한 것은 『리그웨다』이다. 『리그웨다』에는 수많은 신들이 등장한다. 고대 인도인들은 자연에 대해 무한한 경외심과 두려움을 가지고 있었고, 자연현상을 신비스러운 힘에 지배되는 살아있는 존재로 보았다. 이러한 자연현상의 배후에 있는 힘은 신이라는 존재로 인격화되었는데, 천둥과 번개의 신 인드라(Indra), 태양신 수르야(Sūrya), 불의 신 아그니(Agni), 바람의 신 와유(Vāyu), 폭풍의 신 루드라(Rudra)등이 그 예이다. 이밖에도 신들에게 바치는 음료의 신 소마(Soma)와 같이 제사와 관련된 요소나 믿음의 신 슈랏다(Śraddhā), 언어의 신 와쯔(Vāc)와 같이 추상적인 관념을 인격화한 신들도 존재하였다. 그러나 후에 힌두교에서는 웨다에서 중요시되었던 신들의 위상이 떨어지고, 브라흐마(Brahmā)·위슈누(Viṣṇu)·쉬바(Śiva)가 새롭게 삼주신(三主神, trimūrti)으로 등장한다. 이들은 웨다에서는 그 이름이 언급되지 않거나 그다지 중시되지 않았던 신들이지만, 점차로 지위가 높아져 각각 창조·유지·파괴를 관장하는 신으로 숭배되기에 이른다.

웨다 시대에 신과 인간은 상호의존적인 관계에 있었다. 인간은 신의 위력이 약해지지 않도록 공물을 바쳐 제사를 지냈고, 신은 그들을 기쁘게 하는 인간에게 은혜를 베풀었다. 그래서 인간들은 곤란하거나 위험에 처했을 때 신들에게 구원을 요청하였던 것이다. 그러나 점차로 이러한 다신교적 사유방식을 넘어 여러 신들은 유일신이 다양한 모습으로 나타난 것이며, 그 유일신의 서로 다른 이름에 지나지 않는다는 사상이 생겨났다. 또한 자연현상이나 관념이 의인화된 인격신을 초월한 통일적이고 궁극적인 원리가 추구되었다. 이처럼 웨다의 말기에 일신교적(一神敎的) 또는 일원론적(一元論的) 사상의 싹이 나타나기 시작하였다.

한편, 최고 신과 근본 원리의 탐구에 따라 우주의 창조를 설명하는 찬가들도 등장하였다. 그 가운데 「뿌루샤 찬가(Puruṣasūkta)」에 나타난 창조설은 와르나(varṇa)라는 사성제도의 근거를 제공한다는 점에서 주목할 만하다. 사성제도란 '카스트(caste)'로도 잘 알려진 네 계급, 다시 말해 사제인 브라만, 무사와 왕족인 끄샤뜨리야(kṣatriya), 상인과 서민인 와이샤(vaiśya), 노예와 육체노동자인 슈드라(śūdra)로 이루어진 계급제도를 가리킨다. 「뿌루샤 찬가」는 태초의 인간[原人]인 뿌루샤로부터 세상을 이루는 여러 요소가 나왔다고 노래하는데, 네 계급과 관련해서는 그의 입에서 브라만이, 두 팔에서 끄샤뜨리야가, 두 넓적다리에서 와이사가, 두 발에서 슈드라가 생겨났다고 한다.

2) 『브라흐마나』의 제사중심주의와 브라흐만(brahman, 梵) 관념

'브라흐마나'는 ①브라흐만과 관련된 ②신성한 힘 ③브라만 계급 등의 의미를 갖는 말이다. 웨다에서는 그 핵심 부분인 『상히따』를 해석한 문헌을 일컬으며, 제사의 방식과 의미에 관한 설명을 주된 내용으로 한다. 본래 제사는 자신들의 안녕을 구하며 신들에게 감사를 표하는 신 중심의 의식이었다. 그러나 제사 의식이 점점 더 정교해지고 전문화됨에 따라 제사 자체의 중요성이 높아졌고, 급기야 제사 행위 자체가 우주의 모든 현상을 지배하는 힘을 지녔다고 생각되기에 이르렀다. 이처럼 제사가 절대적인 힘을 가지게 되자 제사를 집행하는 바라문들은 더 이상 신들에 대한 경건한 사제(司祭)가 아닌, 제사의 힘으로써 신들을 지배하는 자의 지위에까지 오르게 된다.

『브라흐마나』 시대의 또 다른 특징은 우주의 근본원리로서 '브라흐만'의 관념이 명확해졌다는 것이다. 브라흐만은 웨다에서 신들에게 바치는 성스러운 말을 의미했으나, 『브라흐마나』에 와서는 제사에서 사제들이 사용하는 말, 나아가 만물과 신들의 배후에 있는 근원적인 실재를 의미하게 되었다. 그리고 이 브라흐만 개념은 우빠니샤드에서 더욱 심화·발전되어 인도철학에서 중요한 위치를 차지하게 된다. 이 밖에 인과응보(因果應報)와 윤회의 관념도 이때부터 나타나게 된다.

3) 『우빠니샤드』의 범아일여(梵我一如)와 윤회사상

'우빠니샤드'라는 말은 '가까이(upa) + 아래로(ni) + 앉는다(ṣad)'로 분석되는데, '스승의 가르침을 받기 위해 가까이 다가가 앉는다.'라는 뜻에서 온 이름이다. 『우빠니샤드』에 이르면 제사가 중심이 되었던 『브라흐마나』의 지나친 종교적 색채가 반성되고 철학적 사유가 더욱 심화된다. 그래서 우빠니샤드는 '웨다의 끝', '웨다의 극치'라는 의미로 '웨단따(vedānta)'라고도 불린다.

우빠니샤드 사상의 가장 중요한 특징은 우주의 근본원리인 '브라흐만'과 개인의 생명원리인 '아뜨만(ātman, 我)'이 동일하다[범아일여]고 설한 점이다. 브라흐만은 『브라흐마나』에서 이미 우주의 최고 원리로 고양된 관념이고, 아뜨만은 원래 숨을 뜻했지만 그 의미가 변화하여 생명의 본체로서의 생기, 생명원리, 영혼, 자아 등을 가리키는 말로 사용되었다. 우빠니샤드에서는 이 세계가 모두 브라흐만의 전개라고 보았다. 모든 것은 브라흐만이 나타난 것이고, 브라흐만은 만물 속에 내재한다고 본 것이다. 따라서 개인의 생명원리인 아뜨만도 우주의 궁극적 실재인 브라흐만과 다르지 않다. 곧 브라흐만은 우주의 아뜨만이고 아뜨만은 개인에게 내재하는 브라흐만인 것이다. 이러한 '범아일여'의 진리를 깨달음으로써 브라흐만과 하나가 되는 것이 바로 우빠니샤드의 해탈이다.

『우빠니샤드』에서는 업(業, karman)과 윤회(輪廻, saṃsāra)의 관념도 명확해진다. 행위의 결과에 대한 믿음과 윤회에 대한 관념은 『브라흐마나』에서부터 나타나지만, 명료한 형태로 설명되는 것은 『우빠니샤드』에 이르러서이다. '업'은 기본적으로 행위나 작용을 뜻하지만, 점차로 그 행위에 따른 결과를 수반하여 윤회를 있게 하는 잠재적인 힘을 의미하게 되었다. 업의 법칙에 의해 우리는 해탈하기 전까지 태어나고 죽는 것을 계속 반복한다. 마치 풀잎 끝에 다다른 벌레가 다른 풀잎으로 건너가 계속 나아가는 것과 같이, 한 생이 끝나면 모습을 바꾸어 다시 생을 시작하게 되는 것이다. 이때 다음 생으로 이어지는 주체는 아뜨만으로, 우빠니샤드에서는 이 아뜨만이 영원히 사라지지 않고 해탈하기 전까지 윤회를 계속한다고 보았다.

2. 자유사상가들의 사문사상

인도 서북부로 들어와 편잡 지방에 삶의 터전을 마련했던 아리아인들은 서서히 동쪽으로 이동하여, BCE 10세기에서 BCE 5세기에 걸쳐 갠지스강 유역으로 진출하였다. 이들은 갠지스강 상류에서 중류에 걸친 지역에 농업과 상공업을 발달시켰고 많은 소도시들을 건설하였다. 그 소도시들은 점차로 강대국에 병합되어 갔는데, 붓다 당시 꼬살라(Kosala)와 마가다(Magadha)를 비롯한 16대국이 있었다고 알려져 있다. 도시문화와 경제의 발달은 당시의 사회를 크게 변화시켰다. 도시의 상공업자들은 화폐경제에 의해 큰 부를 축적하였고, 권력과 부가 새로운 힘의 척도가 된 것이다. 이에 따라 기존에 웨다가 가지고 있던 힘과 권위는 상실되었고, 브라만의 특권도 약해졌다. 이러한 상황 속에서 웨다의 권위를 인정하지 않는 자유사상들이 생겨났으며, 불교와 자이나교 등이 여기에 속한다.

사문(沙門, samaṇa)이라고 불리는 자유사상가들은 자유롭게 출가하고 자유롭게 사색하며 자신들의 견해를 펼쳐 나갔다. 이들의 사상이 담긴 문헌은 따로 전해지지 않지만 불교 경전을 통해 그 사상들을 엿볼 수 있는데, 특히 당시 세력을 떨쳤던 여섯 사상가에 대한 이야기가 자주 언급된다. 불교와 다른 가르침을 설하는 여섯 명의 스승이란 의미에서 '육사외도(六師外道)'라고 불린 이들이 어떤 견해 가지고 있었는지 살펴보도록 하자.

1) 뿌라나 깟사빠(Pūraṇa Kassapa): 도덕부정론

뿌라나 깟사빠는 살아있는 것들의 몸을 자르거나 괴롭히거나 생명을 빼앗거나, 주어지지 않은 것을 가지고 도둑질을 하거나 약탈을 하고, 남의 아내를 범하거나 거짓말을 한다고 해도 나쁜 짓을 저지른 것이 아니라고 보았다. 반대로 아낌없이 보시를 베풀거나 자신을 제어하고 바른 말을 한다고 해도 공덕이 생기지 않으며, 어떤 행위에 의해서도 선악의 과보(결과)는 생기지 않는다는 '도덕부정론'의 입장에 서 있었다.

2) 아지따 께사깜발린(Ajita Kesakambalin): 유물론·쾌락론

아지따 께사깜발린은 이 세상을 구성하는 요소가 땅, 물, 불, 바람의 네 종류뿐이라고 보았다. 인간도 마찬가지로 이 네 요소가 모여 이루어져 있어, 죽을 때 땅의 요소는 땅의 집합으로 돌아가고, 물은 물의 집합으로 불은 불의 집합으로 바람은 바람의 집합으로 돌아가며, 감각기능들을 허공으로 건너간다고 하였다. 그는 보시도 없고 헌공한 것도 없으며, 제사 지낸 것도 없고 선악의 업에 대한 과보나 이 세상과 저 세상, 어머니와 아버지도 없고, 지혜로써 알고 바른 도(道)를 갖춘 사문도 바라문도 없다는 주장을 펼쳤다. 그는 죽은 뒤 존속하는 영혼 같은 것도 없고 내세도 없기 때문에 선악에 따른 업의 과보를 받는 일도 없다고 하는 유물론, 쾌락론의 입장을 취했다.

3) 빠꾸다 깟짜야나(Pakudha Kaccayāna): 7요소설

빠꾸다 깟짜야나는 땅, 물, 불, 바람, 괴로움, 즐거움, 영혼의 7요소설을 주장했다. 그에 따르면 이 요소들은 독립되어 있고 서로 어떠한 관계도 갖지 않는다. 그러므로 살해하는 자도 살해되는 자도 없고, 듣는 자도 말하는 자도 없으며, 아는 자도 알려주는 자도 없다. 예리한 칼로 목을 베어 떨어뜨린다고 해도 누구도 누구의 생명을 빼앗은 것이 아니고, 단지 칼이 일곱 요소의 사이를 뚫고 지나간 것일 뿐이다.

4) 막칼리 고살라(Makkhali Gosāla): 무인연론·운명론

막칼리 고살라에 따르면, 살아있는 것들을 구성하고 있는 요소는 영혼, 땅, 물, 불, 바람, 허공, 얻음, 잃음, 괴로움, 즐거움, 태어남, 죽음의 12가지이다. 그는 오염되는 것도 청정해지는 것도 원인이 없으며, 윤회도 그것에서 벗어나는 해탈도 어떠한 원인이 있기 때문에 일어나는 것이 아니라고 하였다. 또한 스스로의 뜻에 따라 사후에 더 좋은 모습으로 태어나거나 해탈을 얻기 위해 노력을 해도 소용이 없다고 보았다. 마치 실타래의 실이 다 풀려야 굴러가는 것을 멈추듯이, 현자든 어리석은 이든 일정한 시간이 지나면 해탈에 이르며 그 전까지는 계속 윤회한다는 '무인연론' 혹은 '운명론'을 주장했다.

5) 산자야 벨랏티뿟따(Sañjaya Belaṭṭhiputta): 회의론·불가지론(不可知論)

산자야 벨랏티뿟따는 진리를 있는 그대로 인식하고 설명하는 것은 불가능하다는 '불가지론'을 주장하였다. 그는 내세나 선악업의 과보, 깨달은 자의 사후 존재유무 등 당시의 주요한 철학적 문제에 대해 질문을 받으면 "만약 내가 '그렇다'고 생각한다면 당신에게 '그렇다'고 대답할 것이다. 그러나 나는 이러하다고도 하지 않고 그러하다고도 하지 않으며, 다르다고도 하지 않고 아니라고도 하지 않으며, 아니지 않다고도 하지 않는다."라고 대답했다고 한다. 그는 이처럼 질문에 대해 불확정적이고 애매모호한 대답을 하였는데, 미끄러운 뱀장어처럼 잡을 곳이 없기 때문에 '뱀장어 논법'이라고 부른다.

6) 니간타 나따뿟따(Nigaṇṭha Nātaputta): 자이나교·상대주의

 니간타 나따뿟따의 본명은 와르다마나(Vardhamāna)로, 자이나교를 확립한 후부터는 마하위라(Mahāvīra, 大勇) 또는 지나(jina, 勝者)라는 존칭으로 불렸다. 자이나교는 불교와 거의 동시대에 흥기한 종교로, 불교와는 교단 형성이나 성전의 편집 등에서 유사점이 많으나 교의에서는 차이가 있다. 자이나교는 상대주의 혹은 부정주의(不定主義)를 주장하였는데, 그것은 어떤 사항에 대해서도 절대적 판단을 내려서는 안 된다는 것이다. 예를 들어 물건은 물건 그 자체로 보면 동일하게 지속되는 것 같지만, 상태의 관점에서 보면 끊임없이 변하고 있다. 이렇듯 모든 것은 절대적이지 않으며 상대적인 것으로 이해되어야 한다는 것이다.

 또한 자이나교는 이미 쌓인 업을 제거하고, 새로운 업의 유입을 방지함으로써 해탈에 이른다고 보았다. 그래서 엄격한 고행을 실천하고 계율을 엄수하는 생활을 하였다. 그들은 살생하지 않기(불살생, 不殺生), 거짓말 하지 않기(진실어, 眞實語), 남의 물건 훔치지 않기(부도, 不盜), 성적 행위 하지 않기(불음, 不婬), 물건을 소유하지 않기(무소유, 無所有) 등의 계(戒)를 지켜야 한다. 이 가운데에서 불살생이 가장 중시되므로, 살아 있는 생명을 해칠 수 있는 일체의 행동을 삼간다. 무소유계에 따라 이들은 기본적으로 의복을 입지 않고 나체로 수행한다. 이들을 디감바라(Digambara, 空衣派)라고 하는데, 나중에는 흰 옷을 입는 슈베탐바라(Śvētāmbara, 白衣派)가 나타난다.

| 제3장 |

붓다의 일생

탄생과 출가 | 고행과 깨달음 |
교화활동과 반열반

佛教授業

물은 깊은 바다가 으뜸이고, 빛은 해가 으뜸이듯 세상에 알려진 진리 가운데는 붓다의 가르침이 으뜸이다. 진리를 깨달아 진리의 바퀴를 처음 굴린 분이 석가모니(釋迦牟尼) 붓다(Buddha)이다.

　붓다가 걸어온 삶과 가르침은 오늘날 아시아를 넘어 전 세계 사람들에게 지혜를 길러주며 마음의 의지처가 되고 있다. 그의 가르침은 각지의 문화권에 물질적, 정신적으로 지금까지도 막대한 영향을 미치고 있다. 따라서 이 위대한 인물의 생애와 그 가르침을 명확하게 아는 것이 바로 불교를 이해하는 출발점이다.

1. 탄생과 출가

지금으로부터 2,600여 년 전, 인도 히말라야산 남쪽기슭 갠지스강의 한 지류에 삭까족(sakkā) 까삘라왓투[Kapilavatthu, 가비라성(迦毘羅城)]라는 나라가 있었다. 까삘라왓투는 쌀을 주식으로 하는 농업국가였다. 그리고 비교적 풍요로운 이 나라 숫도다나(Suddhodana)왕과 마야(Māyā)왕비는 만년까지 왕위를 계승할 혈육이 없어 고민이었다. 그러던 어느 날 마야부인이 난간을 의지하고 잠든 사이, 호명보살이 왼손에 연꽃을 들고, 오른손에 백옥홀을 쥐고 여섯 개의 상아를 가진 하얀 코끼리를 타고 도솔천에서 마야부인의 오른쪽 옆구리로 들어오는 태몽을 꾸고 난 뒤 태기가 있었다. 하얀 코끼리가 불교의 상징 동물로 된 것은 이러한 붓다의 태몽설화에서 비롯된 것이다.

출산일이 가까워 오자 마야왕비는 당시 풍습에 따라 아기를 낳기 위해 친정인 꼴리야(Koliay)국으로 가던 도중 룸비니(Lumbinī) 동산에서 잠시 휴식했다. 그러다 갑자기 진통을 느껴 아쇼까(Asoka, 無憂)나뭇가지를 잡으려는 순간, 오른쪽 옆구리로부터 태자가 탄생했다.

> 마야 왕비가 룸비니 동산에서 잠시 쉬던 중에 무우수 나뭇가지를 손으로 잡은 순간, 오른쪽 옆구리에서 아기가 태어났다. 갓 태어난 아기는 사방으로 일곱 걸음을 걷자 연꽃이 발을 받쳤다. 태자는 오른손은 하늘을 가리키고, 왼손은 땅을 가리키며 "하늘 위 하늘 아래 내 오직 존귀하다[천상천하유아독존(天上天下唯我獨尊)]. 온 세상이 모두 괴로움에 휩싸여 있으니 내가 마땅히 편안하게 하리라.[삼계개고(三界皆苦) 아당안지(我當安之)]"고 말했다.
>
> —『수행본기경(修行本起經)』 상권

숫도다나왕은 태자의 이름을 싯다르타(Siddhartha)라고 지었는데, 이는 '목적을 다 이룬다'라는 의미이다. 태자의 성은 고따마(Gotama · 최상의 소)이다. 하지만 기쁨도 잠시 마야왕비는 출산 후유증으로 일주일 만에 세상을 떠나고 만다. 이후 이모이자 양모인 마하빠자빠띠(Mahāpajāpatī)가 고따마를 양육했다. 어느 날 왕은 점성술사들을 초청해서 태자의 관상을 물었고, 그들은 이렇게 말했다.

"태자에게는 두 가지 운명만 존재합니다. 만약 태자가 왕이 된다면 어떤 무력도 사용하지 않고 온 세상을 지배하는 전륜성왕이 될 것이고, 만약 출가 수행자가 된다면 인천(人天)의 스승인 붓다가 되실 것입니다."

- 『상윳따니까야』 「권청경」

태자가 자신의 뒤를 이어 왕이 되기를 원했던 숫도다나왕은 그가 궁전을 떠나 수행자가 될까 걱정했다. 그리하여 태자가 온갖 기쁨과 행복을 맘껏 누리며 살게 했다.

태자가 7살 되는 해 봄, 부왕을 따라 한 해 농사를 시작하며 풍작을 기원하는 농경제에 참석했다. 농부의 쟁기가 흙을 파헤치고 지나가자 흙 속에서 벌레들이 나와 꿈틀거렸다. 이때 기다렸다는 듯 새가 쏜살같이 날아와서 벌레를 쪼아 먹는 장면을 목격했다. 그 광경에 충격을 받은 태자는 축제를 즐기는 사람들 사이를 벗어나 잠부(Jambu)나무 그늘 밑에 앉아 있다가 자신도 모르게 크나큰 행복을 경험을 했다.

태자는 성장하면서 인간과 세계의 보다 본질적인 문제들에 관해 많은 의문을 갖기 시작했으며, 홀로 사색하는 날이 많아졌다.

이를 걱정한 숫도다나왕은 서둘러서 꼴리야족의 공주인 야소다라(Yasodharā)와 결혼을 시켰다. 궁전에서 호화롭게 살던 태자는 어느 날 처음으로 마부와 단둘이 성 밖으로 나들이를 하게 되었다.

　태자는 성의 동문 밖에서 처음으로 백발에 허리가 굽은 노인을 보았다. 노인에 대해 묻는 태자에게 마부 찬나(channa)는 "모든 사람은 나이가 들면 백발이 되고 늙습니다."라고 대답했다. 두 번째로 성의 남문 밖으로 나갔다가 병이 들어서 고통에 신음하는 환자를 처음 보았다. 찬나는 "모든 사람은 병들고 고통에 신음하게 됩니다."라고 말한다. 세 번째는 성의 서문 밖에서 죽은 사람을 보았다. 찬나는 태자에게 "모든 사람은 결국 죽게 마련이고, 그런 죽음은 단 한번으로 그치지 않고 끝없이 윤회하므로 고통받는 것이 사람의 운명입니다."하고 대답했다. 인간은 태어나면 늙고 병들고 죽는다는 괴로움의 현실을 직접 본 태자는 다시 깊은 고뇌에 빠졌다.

　동남서쪽의 세 문에서 인생의 괴로움에 번민하던 태자는 북문 밖으로 나갔다가 나무 아래서 수행하는 사문을 만났다. 사문으로부터 "늙고 병들고 죽는 괴로움의 속박에서 벗어나기 위해, 진정한 행복의 길을 찾아 출가한 사문입니다."라는 말을 듣고 태자는 기뻐했다. 수행자와의 만남은 태자의 출가 동기가 되어, 마침내 태어나고·늙고·병들고·죽는 괴로움에서 벗어나기 위해 수행을 해야겠다고 결심하게 된다. 이렇게 사대문의 유행을 마친 후 궁전으로 돌아온 태자는 출가수행을 허락해 달라고 부왕에게 간청하였다. 그러나 숫도다나왕은 왕위를 이을 왕손을 얻기 전에는 출가할 수 없다는 조건을 내세워 출가를 허락하지 않았다. 인생의 근원적 문제에 번민하며 지내던 중 마침내 아들 라훌라[Rāhula 장애, 속박]가 태어나자 태자는 남몰래 마부 찬나를 깨워 말을 타고 출가하였다. 이때 태자의 나이 29세였다.

2. 고행과 깨달음

출가한 사문 고따마는 동남쪽의 마가다(Magadha)국으로 이동했다. 그는 그곳에서 당시 유명했던 선인 알라라 깔라마(Āḷāra Kālāma)와 웃다까 라마뿟따(Uddaka Rāmaputta)를 차례로 찾아가 선정(禪定)에 관한 가르침을 받았다. 그러나 선정에 들었을 때는 번민과 괴로움이 사라지지만, 선정에서 나오면 여전히 욕심과 어리석음의 존재 그 자체로 돌아갔다. 이들의 가르침으로는 결코 깨달음을 얻을 수 없다는 것을 알게 된 고따마는 그들 곁을 떠났다. 이들과 헤어진 고따마는 고행을 시작하기 위해 네란자라(Nerañjarā) 강 숲 고행림(苦行林)에 들어갔다. 이곳에서 고따마는 깨달음을 얻기 위해 혹독한 육체적 고행을 시작했다. 붓다는 훗날 자신의 고행을 다음과 같이 회고하였다.

악기웻사나여, 그런 내게 이런 생각이 들었다. '나는 아주 적은 양의 음식을 먹으리라. 녹두죽이건 대두 죽이건 완두콩 죽이건 검은콩 죽이건 그것을 한 움큼씩만 먹으리라.'라고. 악기웻사나여, 그런 나는 아주 적은 양의 음식을 먹었나니 녹두죽이건 대두 죽이건 완두콩 죽이건 검은콩 죽이건 그것을 한 움큼씩만 먹었다.
악기웻사나여, 내가 그렇게 아주 적은 양의 음식을 먹자 내 몸은 극도로 여위어 갔다. 그렇게 적은 음식 때문에 나의 사지는 마치 아시띠까 넝쿨의 마디나깔라 풀의 마디와 같았다. 그렇게 적은 음식 때문에 나의 엉덩이는 마치 낙타의 발처럼 되었다. 그렇게 적은 음식 때문에 나의 등뼈는 줄로 엮어둔 구슬처럼 되었다. 그렇게 적은 음식 때문에 나의 갈빗대들은 오래된 집의 서까래가 허물어지고 부서지듯이 허물어지고 부서졌다. 그렇게 적은 음식 때문에 내 동공

안에서 눈동자의 빛은 마치 깊은 우물에서 물빛이 깊고 멀리 들어가 보이듯이 깊고 멀리 들어가 보였다. 그렇게 적은 음식 때문에 나의 머리 가죽은 마치 익지 않은 쓴 호리병박이 바람과 햇빛에 시들듯이 시들었다.

　악기웻사나여, 그렇게 적은 음식 때문에 나의 뱃가죽이 등뼈에 달라붙어 내가 뱃가죽을 만져야지 하면 등뼈가 잡혔고, 등뼈를 만져야지 하면 뱃가죽이 잡혔다. 악기웻사나여, 그렇게 적은 음식 때문에 내가 대변이나 소변을 보려고 하면 머리가 땅에 꼬꾸라졌다. 악기웻사나여, 그렇게 적은 음식 때문에 몸을 편안하게 하려고 손으로 사지를 문지르면 뿌리가 썩은 털들이 몸에서 우수수 떨어져나갔다.

- 『맛지마 니까야』, 「삿짜까 긴 경」

　그러나 고행은 깨달음을 가져다주지 않았다. 이 같은 사실을 알게 된 고따마는 지치고 더러워진 몸을 네란자라 강물에 깨끗이 씻은 후 수자따(Sujātā) 여인이 올린 우유죽을 먹고 기력을 회복했다. 고따마가 고행을 포기하자 함께 고행하던 다섯 수행자들은 "고따마는 타락했다. 고행하는 수행자가 목욕하고 우유죽까지 마시다니, 고따마는 더 이상 고행하는 수행자가 아니다."라며 고따마 곁을 떠났다.

　고따마는 보드가야(Bodhgayā)로 가서 강둑 위에 그늘이 좋은 삡빨라[Pippala, 보리수] 나무를 발견하고 그 아래에 자리를 만들고 앉았다. 그는 "내 몸이 죽어서 피부와 뼈와 살이 다 썩어버릴지라도, 나는 깨달음을 얻기 전까지는 이 자리에서 절대 일어나지 않으리라."라고 굳게 결심했다.

　고따마는 보리수 아래에 앉아서 조용히 명상에 잠겼다. 그는 현실에서 자유롭지 못하고 늙고 병들고 죽는 모든 괴로움은 진리를 알지 못하는 무지(無知), 곧 무명(無明, avijjā)에서 비롯되는 것임을 알았다. 악마 마라는 붓다가 깨달음을 얻으면 자신의 힘이 줄어들 것이라고 생각하여 그의 수행을 방해했다. 그러나 고따마는 악마 마라의 온갖 유혹과 방해를 물리치고 마침내 깨달음을 얻어 붓다가 되었다(35세).

3. 교화활동과 반열반(般涅槃)

붓다는 깨달음을 얻은 후 "실로 내가 어렵게 알아차린 것을 이제 다른 사람들에게 알리지 않으리라. 탐욕과 성냄에 빠진 사람들은 이 가르침을 쉽게 이해하지 못할 것이다. 이 가르침은 이해하기 힘들고 미묘하며, 심오하고 어려우며 미세하다. 어둠에 덮인 채 쾌락에 물든 이들은 결코 이것을 이해할 수 없을 것이다."라고 생각하며 주저했다. 이렇게 주저하는 붓다 앞에 범천(Brahman)이 나타나 다음과 같이 말씀드렸다.

"세존이시여, 세상에는 번뇌에 적게 물든 자들도 있습니다. 그들은 붓다의 말씀을 들으면 곧바로 깨달을 것입니다. 하지만 만약 듣지 못한다면 그들은 진리를 알지 못하고 삶을 마감하게 될 것입니다. 세상에는 지혜로운 이들이 많습니다. 그들이 붓다의 설법을 듣게 되면 바로 깨달을 것입니다."

— 『상윳따니까야』, 「권청경」

이것을 범천권청(梵天勸請) 이라고 한다.
붓다는 바라나시(Bārāṇasī) 근교의 사왓티(Sāvatthi)에 있는 사슴공원[녹야원(鹿野苑), migadāya]에서 다섯 수행자에게 최초의 설법을 하였다. 이 '초전법륜(初轉法輪)'으로 인하여 비로소 불교의 출가교단인 승가[僧, saṅgha]가 성립된다. 여기에 붓다[佛, Buddha]와 진리[法, dhamma]가 더해져 삼보(三寶)가 갖추어지게 되었다. 다섯 수행자가 제자가 되어 교단이 성립된 후, 최초로 승단에 출가한 사람은 당시 부유한 상인의 아들인 야사(Yasa)로, 그는 사왓티에서 붓다를 만나 출가하여 비구[比丘, bhikkhu]가 되었다. 그리고 야사의 부모와 아내는 불법승(佛法僧) 삼보에 귀의한 최초의 남자 신도[우바새(優婆塞), upāsaka]와 여자 신도[우바이(優婆夷), upāsikā]가 되었다. 또한 야사의 출가에 감화를 받은 야사의 친구 54명이 출가하여 비구가 되고, 이때 비로소 불교 승단이 규모를 갖추게 된다. 또한 마가다국의 우루웰라에서 깟사빠(Kassapa) 3형제와 그의 제자 1천명이, 라자가하에서 사리뿟따(Sāriputta, 舍利弗)와 목갈라나(Moggallāna, 目犍連)의 인솔로 산자야의 제자 250명이 집단으로 불교로 개종했다.

〈전도선언〉

"비구들이여, 나는 신과 인간의 굴레에서 해방되었다. 그대들 역시 신과 인간의 굴레에서 해방되었다. 이제 법을 전하러 길을 떠나라. 많은 사람들의 이익과 행복을 위해, 천신들의 이익과 행복을 위해. 세상을 연민하는 마음으로 길을 떠나라. 마을에서 마을로 두 사람이 같은 길을 가지 밀고 혼자서 가라.

비구들이여, 처음도 좋고, 중간도 좋고, 끝도 좋은 법. 조리와 표현이 잘 갖추어진 법을 설하라. 원만하고 완전하며 청정한 행위를 알게 하라. 세상에는 때가 덜 묻은 사람들이 있다. 그들이 법을 듣지 못하면 퇴보하겠지만, 들으면 분명 진리를 깨달을 것이다. 비구들이여, 나도 법을 전하러 우루웰라의 세사니 마을로 갈 것이다."

− 『위나야 삐따까』 「대품」

붓다는 고향 까삘라왓투를 방문했을 때 부왕을 교화하였고, 이때 아들 라훌라를 비롯해 난다(Nanda), 아난다(Ānanda), 데와닷따(Devadatta), 아누룻다(Anuruddha) 등이 출가하였다. 그리고 숫도다나 왕이 세상을 떠난 후 마하빠자빠띠 왕비가 5백여 명의 여인들과 함께 출가함으로써 비구니[比丘尼, bhikkhunī] 교단이 성립되었다. 이로써 남성 출가자인 비구, 여성 출가자인 비구니, 남자 신도, 여자 신도로 구성된 사부대중이 완성된다.

불교 교단은 언제나 개방되어 있었기 때문에 원하는 사람은 신분에 관계없이 언제라도 출가하거나 재가신자가 될 수 있었다. 그러므로 제자들 가운데는 왕족이나 바라문 출신 이외에도 도시의 상인 계급 와이샤, 이발사 출신인 우빨리(Upāli), 희대의 살인마 앙굴리말라(Aṅgulimāla), 배움이 없는 쭐라빤타까(Cūḷapanthaka), 기녀 암바빨리(Ambapāli) 등도 있었다.

붓다 말년에 몇 가지 슬픈 일이 일어났다. 첫째는 꼬살라국(Kosala) 빠세나디왕의 아들 위두다바(Viḍūḍabha)가 즉위하자마자 붓다의 고국인 까삘라왓투를 침공하여 삭까족을 멸망시켜 버린 일이다. 침공 소식을 미리 안 붓다는 세 번에 걸쳐 뜨거운 햇볕 아래 큰길 한가운데 앉아 꼬살라국의 군대를 막았다. 그러나 이후 붓다는 더 이상 나가지 않았고, 위두다바는 군대를 이끌고 까삘라왓투를 멸망시켰다. 둘째는 붓다의 사촌동생인 데와닷따가 교단의 분열을 시도하고, 술 취한 코끼리를 풀어 놓은 등 여러 차례에 걸쳐 붓다를 죽이려 한 일이다. 셋째는 뛰어난 제자 사리뿟따와 목갈라나가 붓다보다 먼저 세상을 떠난 일이다. 붓다는 깨달음을 얻은 후 약 45년 동안 여러 곳을 유행하며 가르침을 전하고, 80세에 꾸시나라(Kusināra) 사라(沙羅, Sāla) 나무숲에서 오른쪽 옆구리를 대고 누워 반열반(般涅槃)에 들었다.

> 내가 입멸한 후에 그대들은 자신을 섬으로 삼고 자신을 귀의처로 삼아 머물고, 남을 귀의처로 삼아 머물지 말라. 진리를 섬으로 삼고, 진리를 귀의처로 삼아 머물고 다른 것을 귀의처로 삼아 머물지 말라. (중략) 아난다여, 그런데 아마 그대들에게 '스승의 가르침은 이제 끝나버렸다. 이제 스승은 계시지 않는다.'라는 이런 생각이 들지 모른다. 아난다여, 그러나 그렇게 봐서는 안 된다. 아난다여, 내가 가고 난 후에는 내가 그대들에게 가르치고 천명한 진리와 계율이 그대들의 스승이 될 것이다. (중략) 비구들이여, 참으로 이제 그대들에게 당부하노니, 형성된 것들은 소멸하기 마련이다. 방일하지 말고 해야 할 바를 모두 성취하라.
>
> — 『디가 니까야』, 「대반열반경」

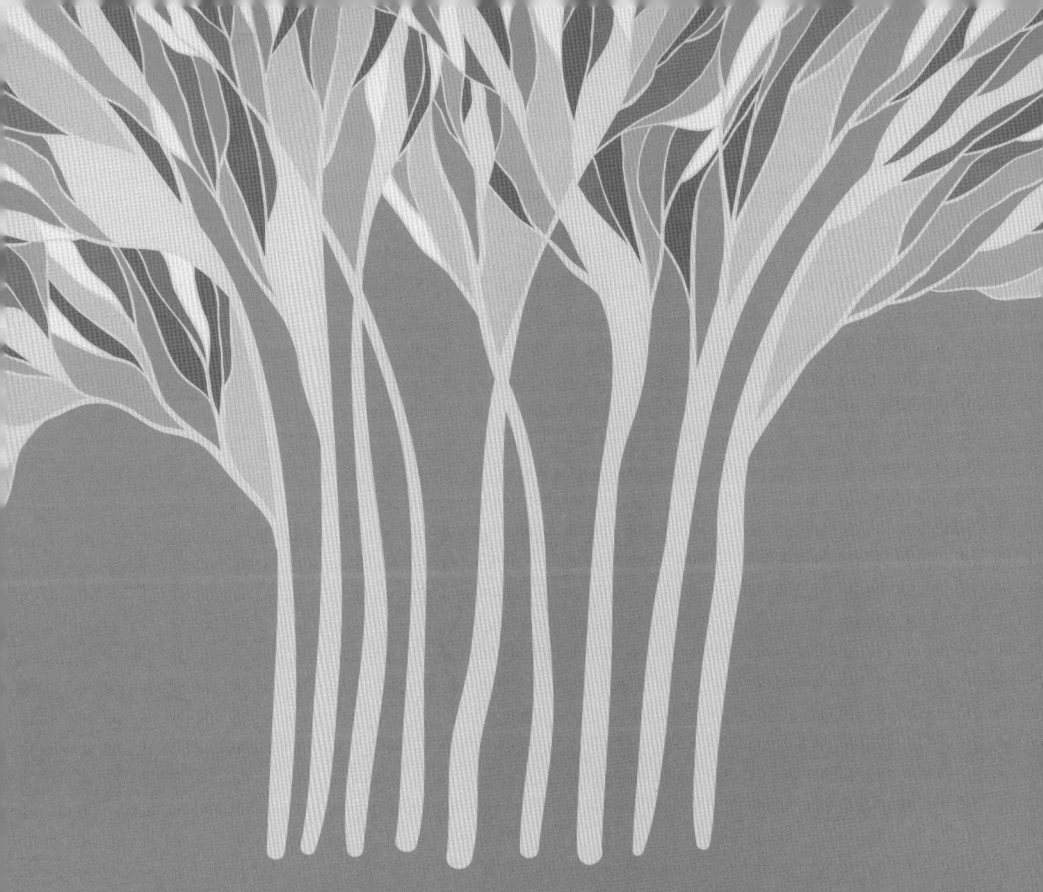

| 제4장 |

사성제

괴로움이라는 진리 | 괴로움의 발생이라는 진리
괴로움의 소멸이라는 진리 | 괴로움의 소멸로 이끄는 길이라는 진리

사성제(四聖諦)는 '네 가지 성스러운 진리' 또는 '네 가지 성자의 진실'이라는 뜻으로, 괴로움[고(苦)], 괴로움의 발생[고집(苦集)], 괴로움의 소멸[고멸(苦滅)], 괴로움의 소멸로 이끄는 길[고멸도(苦滅道)]이라는 네 가지 진리를 말한다. 이 네 가지 진리가 '성스럽다', '고귀하다'라고 불리는 이유는 성자들이 깨달은 진리이기 때문이다.

사성제는 붓다 자신이 그것을 '있는 그대로 알고 봄'으로써 완전히 깨달았다고 공언한 진리일 뿐만 아니라, 깨달음을 얻은 후 첫 번째 설법에서 제자들에게 전해준 가르침이기도 하다. 경전에 "모든 움직이는 생명의 발자국이 코끼리의 발자국 안에 들어가고 코끼리 발자국이 최상이라고 불리듯이, 유익한 것은 어떤 것이라도 모두 사성제 안에 포함된다."(『맛지마 니까야』, 「코끼리 발자국 비유의 긴 경」)라고 설해지듯, 사성제는 불교의 모든 가르침을 포함하는 중요한 교의이다.

그렇다면 사성제가 우리에게 전해주고자 하는 바는 무엇인가? 그것은 다름 아닌 '괴로움'과 '괴로움의 소멸'이다. 붓다는 왜 인간은 태어나 늙고 병들고 죽는 괴로움을 겪을 수밖에 없으며, 어떻게 하면 그 괴로움에서 벗어날 수 있는지를 찾기 위해 출가했다. 그리고 오랜 수행 끝에 괴로움의 원인과 그것에서 벗어나는 방법을 찾아냈고, 많은 사람들이 괴로움을 벗어날 수 있도록 가르침을 설했다. 그 가르침의 핵심이 바로 사성제이다.

1. 괴로움이라는 진리

사성제를 이해할 때 먼저 필요한 것은 여기서 '괴로움'이라는 말이 무엇을 의미하는지 아는 것이다. '괴로움'이라고 옮긴 말의 원어는 '둑카(dukkha)'로, 이것은 '불만족', '불완전함'이라는 의미에 가까운 말이다. 우리는 무언가가 만족스럽지 못할 때 불쾌함이나 불편함, 괴로움, 고통 등을 느낀다. 그런데 그 불쾌함이나 고통의 정도는 일정하지 않아서, 어떤 때에는 형언할 수 없을 만큼 힘들고 괴롭지만, 어떤 때에는 좀 불편하고 불쾌하긴 해도 그냥 넘어갈 수 있다. 이렇게 정도의 차이는 있지만 그 느낌의 바탕에는 동일하게 '불만족'이 있다. 즉, 우리가 원하는 대로 일이 이루어지지 않아 마음이 흡족하지 않을 때, 이러저러한 정도의 불쾌함과 괴로움을 느끼는 것이다. 둑카는 그 정도가 극심한 괴로움을 비롯하여 미세한 불만족의 상태를 모두 포함하는 개념이며, 이것이 사성제에서 말하는 '괴로움'이다.

사성제의 첫째 '괴로움이라는 진리'는 다음과 같다.

> 비구들이여, 이것이 괴로움이라는 성스러운 진리이다. 태어남도 괴로움이요, 늙음도 괴로움이며, 병듦도 괴로움이고, 죽음도 괴로움이다. 좋아하지 않는 것들과 만나는 것도 괴로움이고, 좋아하는 것들과 헤어지는 것도 괴로움이며, 바라는 것을 얻지 못하는 것도 괴로움이다. 요컨대 인간을 구성하는 다섯 가지 집착된 무더기가 괴로움이다.
>
> —『위나야 삐따까』, 「대품」

괴로움에는 여덟 가지가 있다. 이 가운데 태어나는 것[生], 늙는 것[老], 병드는 것[病], 죽는 것[死]의 네 가지는 누구도 피해갈 수 없는 본래적인 괴로움이다. 그리고 좋아하지 않는 것들과 만나는 것[원증회고(怨憎會苦)], 좋아하는 것들과 헤어지는 것[애별리고(愛別離苦)], 바라는 것을 얻지 못하는 것[구부득고(求不得苦)]의 세 가지는 우리가 살아가면서 많은 순간 겪게 되는 정신적·심리적인 괴로움이다. 마지막으로 인간을 구성하는 다섯 가지 집착된 무더기[오취온고(五取蘊苦)]는 모든 괴로움의 집약이라고 할 수 있는 가장 근원적인 괴로움이다.

1) 태어나고 늙고 병들고 죽는 괴로움

이 네 가지 괴로움 가운데 늙음과 병듦과 죽음은 반갑지 않고 고통스럽고 두려운 것이며, 그렇기에 괴로움이라는 것은 설명하지 않아도 알 수 있을 것이다. 그러면 태어남은 어떠한가? 태어났기에 많은 즐거움과 행복을 누릴 수 있으므로 그것은 축복이 아닌가? 불교에서 태어남을 괴로움으로 보는 이유는 그것이 노병사를 비롯한 삶 속에서 겪게 되는 수많은 괴로움의 시작이기 때문이다. 물론 삶에는 괴로움만 있는 것이 아니라 즐거움도 있지만 그 또한 영원한 것이 아니라 변하기 마련이고, 결국엔 불만족이 되기 때문에 불교에서는 즐거움도 괴로움이라고 말한다.

태어남은 한 생의 시작이기도 하지만, 더 넓은 의미에서 또 다른 윤회의 시작이다. 대부분의 인도사상에서 그러하듯이 불교에서도 태어남과 죽음을 되풀이하는 윤회를 인정한다. 그러나 윤회는 끊임없이 생로병사의 고통을 겪어야 하는 '괴로움'이기 때문에 그것에서 벗어나는 것이 추구되었다. 윤회에서 벗어난다는 것은 또 다른 생을 받지 않는다는 것, 곧 다시 태어나지 않는다는 것이며, 그것이 바로 괴로움의 소멸인 해탈·열반이다.

2) 좋아하지 않는 것과 만나고, 좋아하는 것과 헤어지고, 바라는 것을 얻지 못하는 괴로움

여기서 좋아하는 것, 좋아하지 않는 것 등은 사람만을 의미하는 것이 아니라 물건이나 일 등도 모두 포함된다. 즉, 좋아하지 않는 것과 만나는 괴로움은 싫어하는 사람과 만나야 할 때는 물론, 달갑지 않은 일을 해야 할 때나 다루기 싫은 물건을 사용해야만 할 때 등의 경우에 생겨나는 불만족을 의미한다. 이와 반대로 좋아하는 것과 헤어지는 괴로움은 사랑하는 사람과 이별해야 할 때, 소중한 반려동물이 세상을 떠나거나 아끼던 물건을 잃어버렸을 때, 하고 싶은 일을 그만두어야 할 때 등의 여러 경우에 생겨나는 불만족이다. 또한 바라는 것을 얻지 못하는 괴로움은 원하는 물건을 갖지 못할 때, 친해지고 싶은 사람의 마음을 얻지 못할 때, 어떤 일에 대해 기대했던 결과가 얻어지지 않을 때 등의 경우 일어나는 불만족이다.

우리의 삶은 의식을 하든 하지 않든 크고 작은 불만족과 괴로움으로 가득 차 있기에, 일상 속에서 이러한 괴로움들을 어렵지 않게 찾아낼 수 있다. 그러나 이 세 가지 괴로움은 생로병사의 괴로움과 그 성격이 달라서 필연적인 것이 아니기에, 욕심을 버리고 마음을 다스리며 미리 대비하거나 노력함으로써 그 정도를 약화시킬 수 있다.

3) 다섯 가지 집착된 무더기로 인한 괴로움

불교에서는 우리의 몸과 마음을 구성하는 요소로 물질·느낌·지각·형성·의식의 다섯 가지를 제시하는데, 이것을 오온(五蘊)이라고 한다. 그리고 '오취온(五取蘊)'이란 이 오온을 '나'라고 집착하는 것, 이렇게 집착된 오온을 말한다. 초기불교에서는 열반을 제외한 모든 것이 '조건에 의해 형성된 것'이라고 본다. 조건에 의해 형성되었다는 것은 그것이 원인과 조건에 따라 일어나고, 그 원인과 조건이 사라지면 그것 또한 사라짐을 의미한다. 우리 주위에 있는 모든 것들, 심지어 나 자신조차도 고정되어 있거나 영원한 것이 아니라는 것이다.

나를 이루고 있는 다섯 요소는 여러 조건에 의해 지금 여기 이러한 모습으로 만들어졌고, 우리는 단지 그렇게 형성된 요소의 무더기로서 살아가고 있다. 그렇지만 우리는 나의 몸이나 마음을 자아라고 여기면서, 몸과 마음의 변화에 따라 불만족과 괴로움을 느낀다. 계속 젊음을 유지하고 싶고, 아프기 싫고, 죽음이 두렵지만 이 모든 과정은 반드시 겪어야만 하기에 우리에게 괴로움이 된다. 좋아하는 사람과 함께 행복했던 마음은 헤어짐으로 인해 슬픔으로 변하고, 길을 가다 맡은 악취는 그 전의 즐거웠던 기분을 날려버린다. 내가 원하는 대로만 되지 않기에 불만족스럽다. 앞서 살펴보았던 여러 괴로움들은 이처럼 이 몸과 마음을 자신과 동일시함에서 오는 집착에서 비롯된다.

2. 괴로움의 발생이라는 진리

그렇다면 괴로움은 왜 일어나는 것일까. 사성제의 둘째 진리는 바로 괴로움을 발생시키는 원인에 관한 것이다.

> 비구들이여, 이것이 괴로움의 발생이라는 성스러운 진리이다. 그것은 갈애(渴愛)이다. 또 다른 태어남으로 이끌고 기쁨과 탐욕이 함께 하며 이러저러한 것을 즐거워하는 것으로, 감각적 욕망에 대한 갈애, 존재에 대한 갈애, 비존재에 대한 갈애이다.
>
> — 『상윳따 니까야』, 「초전법륜경」

갈애란 목이 타는 듯한 갈망을 뜻하는데, 이 간절한 바람으로 인해 괴로움은 일어난다. 갈애에는 세 가지가 있다.

첫째, 감각적 욕망에 대한 갈애이다. 이것은 우리의 눈·귀·코·혀·몸이라는 다섯 가지 감각기관이 그에 상응하는 외부의 형색·소리·냄새·맛·감촉에서 즐거움을 얻으려는 욕망을 말한다. 우리의 감각기관은 늘 외부의 대상과 만난다. 그 중에는 마음에 드는 것도 있고 그렇지 않은 것도 있다. 그런데도 우리는 항상 좋은 것을 보고, 아름다운 소리를 듣고, 향기로운 냄새를 맡고, 맛있는 것만 먹고, 좋은 감촉만 느끼기를 원한다. 이런 바람이 있을 때 보기 싫은 것, 듣기 싫은 것 등을 만나는 것은 불만족을 가져다준다.

둘째, 존재에 대한 갈애이다. 이것은 지속적이고 영원한 삶에 대한 갈망을 말한다. 지금의 삶이 너무나도 만족스럽고 행복하다면 그 상태를 계속 유지하고 싶을 것이고, 명상수행을 통해 고요한 마음을 체험한다면 그 상태에 대한 애착과 욕망이 생길 것이다. 그러나 이런 바람들 역시 그렇게 되지 못했을 때 좌절과 실망 등 괴로움을 일으키는 원인이 된다.

셋째, 비존재에 대한 갈애이다. 이것은 완전히 사라지기를 바라는 갈망이다. 생존에 대한 갈애와는 반대로 괴로운 상황에 처해 있어 삶 자체를 부정하고 모든 것을 버리고자 하는 욕망이다. 이 갈애는 죽으면 끝이라는 잘못된 견해[단견(斷見)]로 이어질 수 있어 위험하다. 죽음 또한 괴로움의 완전한 사라짐이 아님을 명심해야 한다.

갈애의 특징 가운데 하나는 '또 다른 태어남으로 이끈다'는 것이다. 그러므로 갈애를 없애지 않는 한, 태어남은 계속 되풀이되고 우리는 태어남에서 시작되는 모든 괴로움을 끊임없이 겪게 될 것이다.

3. 괴로움의 소멸이라는 진리

이러한 괴로움은 사라질 수 있다는 것이 사성제의 세 번째 진리이다. 왜냐하면 모든 것은 원인과 조건에 의해 생겨나기 때문이다. 그래서 경전에서는 괴로움의 소멸을 그것 자체의 사라짐이 아니라, 괴로움의 원인인 갈애의 사라짐으로 설명한다.

> 비구들이여, 이것이 괴로움의 소멸이라는 성스러운 진리이다. 저 갈애의 남김 없는 사라짐과 소멸, 버림, 놓아버림, 벗어남, 집착 없음이다.
>
> - 『상윳따 니까야』, 「초전법륜경」

괴로움이 소멸한 상태는 그것을 발생시키는 갈애가 남김없이 사라지고 모든 것에서 벗어나 집착이 없는 상태이다. 우리는 이런 상태를 열반 혹은 해탈이라고 부른다.

열반은 번뇌라는 '불'이 꺼진 상태로, 탐욕과 성냄과 어리석음의 소멸 또는 윤회를 일으키는 연료의 소진 등으로 설명된다. 열반에는 남은 것이 있는 유여열반(有餘涅槃)과 남은 것이 없는 무여열반(無餘涅槃)이라는 두 종류의 열반이 있다. 유여열반이란 번뇌는 모두 소멸시켰지만 우리를 구성하는 요소인 오온은 아직 남아있는 상태로, 살아있는 상태에서 얻는 열반을 말한다. 반면 무여열반은 번뇌는 물론 오온도 모두 다 소멸한 상태로, 죽음을 맞이하여 얻는 열반을 말한다. 예를 들어 붓다가 보리수 아래에서 깨달음을 얻은 것은 유여열반이고, 80세에 꾸시나라(Kusinārā)에서 입멸한 것은 무여열반이다. 붓다의 무여열반은 '완전한 열반'이란 뜻의 반열반(般涅槃)이라고도 한다. 한편 해탈이란 마음이 번뇌에서 해방된 상태, 번뇌가 없는 마음의 상태를 뜻하며, 번뇌의 완전한 소멸을 의미할 경우 유여열반과 동일하다.

4. 괴로움의 소멸로 이끄는 길이라는 진리

사성제의 마지막 진리는 괴로움이 소멸된 경지로 가는 구체적인 실천 방법이다. '여덟 가지 성스러운 길'이기에 팔지성도(八支聖道)라고 하는데, '여덟 가지 바른 길'이라는 뜻에서 팔정도(八正道)라고 부르기도 한다. 이것은 붓다가 첫 설법에서 가르친 양극단을 떠난 올바른 길, 즉 중도(中道)이기도 하다.

비구들이여, 이것이 괴로움의 소멸로 이끄는 길이라는 성스러운 진리이다. 그것은 여덟 가지 성스러운 길이다. 즉 바른 견해, 바른 생각, 바른 말, 바른 행위, 바른 생활, 바른 노력, 바른 마음챙김, 바른 집중이다.

- 『상윳따 니까야』, 「초전법륜경」

바른 견해[정견(正見)]란 사성제에 대해 아는 것이다. 바른 견해는 수행의 처음이자 마지막이라고 할 수 있는데, 수행을 시작하기 전에 바른 방향 설정을 위해 사성제에 대한 기본적인 이해가 필요하며, 수행을 통해 궁극적으로 사성제를 완전히 깨달을 때 바른 견해가 완성되기 때문이다. 바른 생각[정사유(正思惟)]이란 욕망을 절제하고 악의를 갖지 않으며 남에게 해를 끼치지 않음에 대한 생각을 말한다.

바른 말[정어(正語)]이란 거짓말, 험담, 거친 말, 쓸데없는 말을 하지 않는 것이며, 바른 행위[정업(正業)]란 살아있는 생명을 죽이지 않는 것, 주어지지 않은 것을 가지지 않는 것, 잘못된 성관계를 갖지 않는 것을 말한다. 그리고 바른 생활[정명(正命)]이란 올바른 방식으로 생활하는 것으로, 출가자는 관상을 보거나 미래를 점치는 일 등을 하지 않고 재가자는 남에게 해를 끼치는 생계 수단을 갖지 않는 것을 말한다.

바른 노력[정정진(正精進)]이란 아직 일어나지 않은 악하고 해로운 것들은 일어나지 못하게 하고, 이미 생겨난 악하고 해로운 것들은 제거하기 위해 노력하며, 아직 일어나지 않은 유익한 것들은 일어나게 하고, 이미 생겨난 유익한 것은 더욱 증진시키기 위해 노력하는 것이다. 바른 마음챙김[정념(正念)]이란 관찰하거나 집중하려는 대상을 놓치지 않고 분명하게 알아차리고 파악하는 것으로, 우리의 몸이나 느낌, 마음 등을 잘 관찰하여 아는 것이다. 바른 집중[정정(正定)]이란 마음이 한곳에 집중되어 흔들리지 않는 평온한 상태를 말하며, 이것은 지혜를 얻기 위한 기반이 된다.

팔정도의 각 항목은 개별적으로, 또 차례대로 수행되어야 하는 것이 아니다. 모든 항목은 연결되어 있고 하나의 요소가 다른 요소의 수행에 도움을 주기 때문에 동시에 계발되어져야 한다. 팔정도의 여덟 항목은 불교의 기본적인 수행 구조인 삼학(三學)과도 관련되어 있다. 삼학은 바른 생활 습관을 익히는 계학(戒學)과 집중의 상태를 닦는 정학(定學), 그리고 지혜를 계발하는 혜학(慧學)을 말한다.

팔정도와 삼학의 관계

팔정도	삼학
바른 견해	혜학
바른 생각	
바른 말	계학
바른 행위	
바른 생활	
바른 노력	정학
바른 마음챙김	
바른 집중	

의사는 환자의 상태를 진단하고 병의 원인을 찾아내어 바르게 처방함으로써 병을 치유한다. 이처럼 붓다는 이 세상이 불만족과 괴로

움으로 가득하다는 것을 바로 보고, 그 원인이 우리들의 욕망과 집착에 있음을 찾아내어 팔정도라는 올바른 실천을 행함으로써, 괴로움에서 벗어난 평온한 경지를 얻을 수 있음을 사성제를 통해 보여주었다.

　불교는 현실이 괴롭다고만 말하는 염세주의도 부정주의도 아니다. 그와 반대로 우리의 욕망으로 인해 괴로움으로 가득한 실상을 바로 보게 하고, 그것에서 벗어날 수 있도록 적극적으로 이끌어준다. 그렇기에 붓다의 가르침은 지극히 현실적이고 긍정적이라고 할 수 있다.

| 제5장 |

오온 · 십이처 · 십팔계

| 오온 | 십이처 | 십팔계 |

불교에서는 모든 존재현상을 오온(五蘊), 십이처(十二處), 십팔계(十八界)로 분류하고, 이를 '일체법(一切法)'이라고 한다. 이 가운데 오온은 일체를 몸과 마음 또는 물질과 정신으로 나눈 다섯 요소의 무더기이다. 십이처는 내적 감각기관인 육내처(六內處)와 외적 감각대상인 육외처(六外處)를 합한 열두 요소이며, 십팔계는 이 십이처에 육식(六識)을 더한 것이다.

붓다가 일체법을 설한 이유는 불교에서는 유신론적 종교에서 주장하는 것과 같이 존재하는 모든 것의 본체나 실체를 인정하지 않기 때문이다. 불교에서는 오직 우리들의 감각이나 지각에 의해 인식되는 현상세계만을 인정한다. 시간과 공간을 넘어서 존재하는 영원불멸한 본체나 실체도 우리들의 현상세계와는 무관하다고 보았다.

1. 오온

우리 인류가 있어 온 이래로 지금까지 인간이 자신에게 가장 많이 던진 질문은 아마도 '나는 누구인가?'일 것이다. 붓다는 이 질문에 대해 '오온'이라고 대답했다. 온(khandha)은 '무더기' '쌓임' '모임'을 의미하며, 음(陰), 중(衆)이라고도 번역한다. 오온이란 색[色, rūpa], 수[受, vedanā], 상[想, saññā], 행[行, saṅkhārā], 식[識, viññāṇa]으로 이루어진 다섯 가지 무더기를 말하는데, 이 오온이 집착된 상태를 오취온(五取蘊)이라고 한다. 여기서 '취(取)'는 '집착'이라는 의미이다. 모든 번뇌를 벗어나 열반의 상태에 들어있는 아라한을 제외한 오온은 오취온이라 할 수 있다.

1) 색온(色蘊)

색온(rūpakkhandha)이란 색깔과 형태를 가진 것을 뜻하는데, 좁게는 우리의 신체를 가리키고 넓게는 물질 일반을 말한다. 땅·물·불·바람의 네 원소와 그로부터 파생된 것으로 이루어진다. 변형되는 성질을 가지고 있으며 일정한 공간을 차지하기 때문에 물질이라고 한다.

> 비구들이여, 색온이란 무엇인가? 그것은 네 원소와 그로부터 생겨난 물질 현상들이다. 네 원소란 무엇인가? 땅 원소·물 원소·불 원소·바람 원소를 말한다.
> — 『맛지마 니까야』「코끼리 발자국 비유의 긴 경」

제5장 오온·십이처·십팔계 63

왜 물질이라 부르는가? 변형된다고 해서 물질이라 한다. 그러면 무엇에 의해서 변형되는가? 차가움에 의해서도 변형되고, 더움에 의해서도 변형되고, 배고픔에 의해서도 변형되고, 목마름에 의해서도 변형되고, 파리, 모기, 바람, 햇빛, 파충류들에 의해서도 변형된다. 이처럼 변형된다고 해서 물질이라 한다.

– 『상윳따 니까야』, 「삼켜버림 경」

여기에서 말하는 변형은 변화와 다른 개념이다. 변형은 형태나 모양이 있는 것이 그 형태나 모양이 바뀌는 것을 말하는 것으로, 이것은 물질만의 특징이다. 수·상·행·식의 온(蘊)들의 경우 변화는 있지만 형태나 모양이 없기 때문에 변형은 없다.

2) 수온(受蘊)

수온(vedanākkhandha)이란 육체적, 정신적으로 즐거움과 괴로움을 느끼는 감수(感受)작용을 의미한다. 구체적으로는 괴로운 느낌[고수(苦受)], 즐거운 느낌[락수(樂受)], 괴롭지도 즐겁지도 않은 느낌[불고불락수(不苦不樂受)]의 세 종류가 있다. 이것을 육체적 즐거움[락樂], 육체적 괴로움[고苦], 정신적 즐거움[희喜], 정신적 괴로움[우憂], 평온[사捨]의 다섯 가지 느낌으로 세분하기도 한다.

그러면 왜 느낌이라 부르는가? 느낀다고 해서 느낌이라 한다. 그러면 무엇을 느끼는가? 즐거움도 느끼고, 괴로움도 느끼고, 괴롭지도 즐겁지도 않은 것도 느낀다. 이처럼 느낀다고 해서 느낌이라 한다.

– 『상윳따 니까야』, 「삼켜버림 경」

어떤 것이 다섯 가지 느낌인가? 육체적 즐거움의 기능[락근(樂根)], 육체적 괴로움의 기능[고근(苦根)], 정신적 즐거움의 기능[희근(喜根)], 정신적 괴로움의 기능[우근(憂根)], 평온의 기능[사근(捨根)]이다. 이를 일러 다섯 가지 느낌이라 한다.

― 『상윳따 니까야』, 「백팔 방편경」

이외에도 6가지 느낌, 18가지 느낌, 36가지 느낌, 108가지 느낌 등이 있다.

3) 상온(想蘊)

상온(saññākkhandha)이란 대상을 이미지화하여 개념화하는 작용을 말한다. 예를 들어, '빨간 꽃', '하얀 천'과 같이 빨간색, 하얀색, 꽃, 천 등의 이미지와 개념 또는 그 개념을 만들기 위한 작용을 '상'이라 한다. 그 대상은 반드시 외계의 사물만이 아니라 기억의 내용도 포함된다.

왜 지각[상(想)]이라고 부르는가? 지각한다고 해서 지각이라고 한다. 그러면 무엇을 지각하는가? 푸른 것도 지각하고, 노란 것도 지각하고, 빨간 것도 지각하고, 흰 것도 지각한다. 이처럼 지각한다고 해서 지각이라 한다.

― 『상윳따 니까야』, 「삼켜버림 경」

4) 행온(行蘊)

행온(saṅkhārākkhandhad)이란 형성 또는 형성하는 힘을 의미하며, 의지작용도 포함한다. 넓은 의미로는 수·상·식을 제외한 모든 정신작용과 심리현상을 가리킨다. 기억, 상상, 추리, 감각접촉, 의도, 주의, 집중, 의욕 등의 심리현상들을 모두 포함한다.

왜 형성들이라 부르는가? 형성된 것을 계속해서 형성한다고 해서 형성들이라 한다. 그러면 어떻게 형성된 것을 계속해서 형성하는가? 물질이 물질이게끔 형성된 것을 계속해서 형성한다. 느낌이 느낌이게끔 형성된 것을 계속해서 형성한다. 지각이 지각이게끔 형성된 것을 계속해서 형성한다. 형성들이 형성들이게끔 형성된 것을 계속해서 형성한다. 의식이 의식이게끔 형성된 것을 계속해서 형성한다. 그래서 형성된 것을 계속해서 형성한다고 해서 형성들이라 한다.

― 『상윳따 니까야』「삼켜버림 경」

5) 식온(識蘊)

식온(viññāṇakkhandha)은 일반적으로 분별하고 인식하는 작용을 말한다. 의식은 우리가 감각기능을 통해 사물을 인식 혹은 판단함으로써 대상을 구별하고 인식하는 작용이다. 경전에서는 의식을 일반적으로 마음을 나타내기 위해서 사용하지만, 오온의 분류에서는 무엇인가를 의식한다는 것을 나타내기 위해 사용된다. 그리고 이 의식의 행위는 주관적인 경험에 통일성을 부여하고 "실체적인 나라는 관념"을 형성하게 한다.

"왜 의식이라 부르는가? 식별한다고 해서 의식이라 한다. ····· 신 것도 식별하고 쓴 것도 식별하고 매운 것도 식별하고 단 것도 식별하고 떫은 것도 식별하고 떫지 않은 것도 식별하고 짠 것도 식별하고 싱거운 것도 식별한다. 비구들이여, 이처럼 식별한다고 해서 의식이라 한다."

— 『상윳따 니까야』 「삼켜버림 경」

의식은 조건이 있으면 생기고 조건이 없으면 사라진다. 의식이 조건에 따라서 생기면 그 조건을 가지고 부른다. 눈과 형색을 조건으로 하여 의식이 생긴다. 의식이 생기면 그 의식을 안식이라고 부른다.

— 『중아함경』 「차제경」

비구들이여, 무엇을 의식이라고 하는가? 의식한다. 그러면 거기에서 의식이라는 말이 사용된다. 어떻게 의식하는가? 모습을 의식하고, 소리를 의식하고, 냄새를 의식하고, 맛을 의식하고, 촉감을 의식하고 법을 의식한다. 이와 같이 의식하면 거기에서 의식이라는 말이 사용된다.

— 『잡아함경』 제2권 46경

오온을 종합해 본다면, 먼저 육체[색(色)]가 있고, 그것을 의지처로 한 정신작용의 하나인 감수작용[수(受)]을 기반으로 마음속에 모양을 만들고[상想], 그 모양에 따라 이것에 적극적으로 작용하여[행(行)], 인식확인[식(識)] 한다고 하는 과정을 나타내고 있다. 예를 들면, 아름답고 눈부신 보석[색(色)]을 보고서 아름답다는 느낌[수(受)]이 생겨나고, 그 보석이 붉은 루비임을 알게 되고[상(想)], 갖고 싶다는 마음이 생기고[행(行)], 나에게는 그것을 살 만한 충분한 돈이 있음을 알게 된다[식(識)].

오온은 서로 결합되어 있으므로 분리될 수 없으며, 차례로 하나씩 발생하는 것이 아니라 서로 역동적으로 작용한다. 경전에서는 오온을 수레에 비유한다. 수레는 바퀴·차체·축과 같은 여러 부속들이 모여 이루어져 있을 뿐, 바퀴·차체·축들이 뿔뿔이 흩어지면 수레는 더 이상 존재하지 않는다. 마찬가지로 자아를 이루고 있는 오온

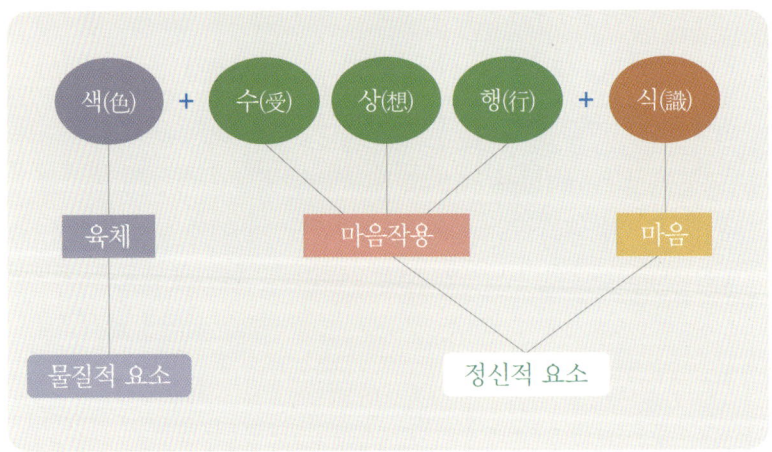

〈오온〉

은 어떠한 조건과 인연에 따라 모여 하나의 개체를 이루어 '나'라거나 '너'라는 이름으로 불리고 있을 뿐이다.

붓다가 인간을 오온으로 분석한 이유는 오온으로 이루어진 나에게는 고정된 실체가 없으며, 끊임없이 변화하는 존재임을 밝히기 위함이다. 따라서 이것은 인간에게 어떤 특별하고 영원한 그 무엇이 있다는 막연한 기대심리를 버리고, 인간의 여러 문제를 지금 여기에서 해결하고자 하는 현재성을 부여한 것이다. 그렇기에 '나'와 '나의 것'이라는 집착에서 벗어날 수 있다.

2. 십이처

십이처란 내적 감각기관인 눈[안(眼)]·귀[이(耳)]·코[비(鼻)]·혀[설(舌)]·몸[신(身)]·마음[의(意)]의 육내처[육근(六根)]와 그에 상응하는 외적 감각대상인 형색[색(色)]·소리[성(聲)]·냄새[향(香)]·맛[미(味)]·감촉[촉(觸)]·마음의 대상[법(法)]의 육외처[육경(六境)]를 함께 일컫는 말이다.

> 비구들이여, 그대들에게 일체를 설할 것이다. 그것을 잘 들어라. 비구들이여, 무엇이 일체인가? 눈과 형색, 귀와 소리, 코와 냄새, 혀와 맛, 몸과 감촉, 마음과 마음의 대상이다. 비구들이여, 이것을 일체라고 한다. 비구늘이여, 어떤 이가 이렇게 '나는 이 일체를 거부하고 다른 일체를 선언할 것이다.'라고 말한다면, 그에게 그런 말만 있을 것이다. 질문은 동의를 얻지 못할 것이고, 나아가 낭패를 보게 될 것이다. 그 이유는 무엇인가? 비구들이여, 그것은 영역을 벗어나 있기 때문이다.
>
> – 『상윳따 니까야』, 「일체 경」

보는 작용은 눈을 통해서 이루어지고, 듣는 작용은 귀를 통해서 이루어진다. 또한 냄새를 맡는 것은 코를 통해서, 맛을 보는 것은 혀를 통해서, 감촉은 몸을 통해서, 생각은 마음을 통해서 이루어진다. 이 작용은 눈 등의 감각기관에 의해서만 이루어지는 것이 아니라, 반드시 이에 상응하는 감각대상이 필요하다. 우리의 감각기관은 끊임없이 감각대상과 만나고 있으며, 때로는 탐욕과 집착의 마음이 일어나고 때로는 성냄과 싫은 마음이 일어난다. 탐욕이나 성냄 등은 우리를 괴로움으로 이끌기에, 경전에서는 감각기관을 잘 보호하고 제어함으로써 괴로움이 아닌 행복으로 나아가도록 권고한다.

> 비구들이여, 여섯 감각기관을 길들이지 않고 보호하지 않고 제어하지 않고 단속하지 않으면 괴로움을 가져온다. 무엇이 여섯인가? 눈의 감각접촉의 기관이니 이를 길들이지 않고 보호하지 않고 제어하지 않고 단속하지 않으면 괴로움을 가져온다.
> 귀는…코는 …혀는…몸은…마음은 감각접촉의 기관이니 이를 길들이지 않고 보호하지 않고 제어하지 않고 단속하지 않으면 괴로움을 가져온다. 여섯 감각기관을 길들이고 보호하고 제어하고 단속하면 행복을 가져온다. 무엇이 여섯인가? 눈은 감각접촉의 기관이니 이를 길들이고 보호하고 제어하고 단속하면 행복을 가져온다.
> 귀는…코는 …혀는…몸은…마음은 감각접촉의 기관이니 이를 길들이고 보호하고 제어하고 단속하면 행복을 가져온다.
> - 『상윳따 니까야』, 「잘 길들이지 않고 보호하지 않음 경」

오온과 마찬가지로 붓다가 일체법을 십이처로 규정한 이유는 모든 것은 실체가 없음을 밝히는 데 있다. 특히 이것은 물질에 대해 잘못 이해하고 물질이 실체라고 생각하거나 물질 가운데 실체적인 것이 있다고 생각하는 사람에게 실제로는 그렇지 않다는 것을 알려주기 위한 교의(敎義)라고 할 수 있다.

> 비구들이여, 형색은 무상(無常)하다. 무상한 것은 괴로움이요. 괴로움인 것은 무아(無我)다. 무아인 것은 내 것이 아니고, 그것은 내가 아니고, 그것은 나의 자아(自我)가 아니라고 있는 그대로 바른 통찰지로 봐야 한다. 소리는…냄새는…맛은…감촉은…마음의 대상[법法]은 무상하다. 무상한 것은 괴로움이요. 괴로움인 것은 무아다. 무아인 것은 내 것이 아니고, 그것은 내가 아니고, 그것은 자아가 아니라고 있는 그대로 바른 통찰지로 봐야 한다.
>
> — 『상윳따 니까야』, 「안의 무상 경」

3. 십팔계

십팔계의 계[界, dhātu]는 요소, 영역 등을 뜻한다. 십팔계는 여섯 감각기관인 육내처와 여섯 감각대상인 육외처의 십이처에 여섯 의식인 육식(六識)을 합한 것이다. 육식이란 눈의 의식[안식(眼識)], 귀의 의식[이식(耳識)], 코의 의식[비식(鼻識)], 혀의 의식[설식(舌識)], 몸의 의식[신식(身識)], 마음의 인식[의식(意識)]을 말한다. 육식은 육내처 가운데 하나의 요소인 마음을 그것이 일어나는 기관에 따라 다시 여섯 가지로 분류한 것이다. 우리가 인식을 하기 위해서는 감각기관과 감각대상, 그리고 의식의 세 가지 요소가 반드시 필요하며, 감각기관이 감각대상을 조건으로 하여 의식이 일어난다.

육식(六識)	육내처[六內處, 육근六根]	육외처[六外處, 육경六境]
안식(眼識): 시각	안(眼): 눈	색(色): 형색
이식(耳識): 청각	이(耳): 귀	성(聲): 소리
비식(鼻識): 후각	비(鼻): 코	향(香): 냄새
설식(舌識): 미각	설(舌): 혀	미(味): 맛
신식(身識): 감촉	신(身): 몸	촉(觸): 감촉
의식(意識): 분별	의(意): 마음	법(法): 마음의 대상
	십이처(十二處)	
십팔계(十八界)		

눈과 형색을 조건으로 눈의 의식이 일어난다. …귀와 소리를 조건으로 해서 귀의 의식이 일어난다. …혀와 맛을 조건으로 해서 코의 의식이 일어난다. …몸과 감촉을 조건으로 해서 몸의 의식이 일어난다. …마음과 마음의 대상을 조건으로 해서 의식이 일어난다. 이 셋의 화합이 감각접촉이다.

— 『쌍윳따 니까야』 「철저하게 앎 경」

| 제6장 |

삼법인

'법'의 개념 | 도장(mudra, 印)의 의미 |
구체적 의미와 논리적 구조

佛教授業

붓다의 핵심 가르침이 무엇인지를 질문하면 의외로 다양한 답변이 나온다. 모두 나름의 근거와 논리가 있다. 그렇다면 붓다의 핵심 가르침은 여러 가지라고 생각할 수 있을까. 예를 들어 사성제, 연기, 삼법인, 무아 등으로 사람들마다 제각기 대답한다고 했을 때 이것은 서로 다른 내용을 붓다의 핵심 가르침으로 이해한 것이라고 할 수 있을까. 관점이기 보다는 어디에 더 방점을 두느냐에 따른 것일 뿐, 이들은 모두 같은 맥락으로 이해되는 내용들이다. 곧 그 가르침들이 하나로 꿰어지는 것이다.

그렇기에 삼법인은 불교의 핵심 철학을 담고 있는 개념이라고 할 수 있다. 삼법인은 말 그대로 세 개의 법인(法印)이다. 삼법인을 이해하기 위해서는 첫째 삼이 가리키는 세 가지가 무엇인지를 알아야 하고, 둘째 법이 의미하는 바가 무엇인지를 알아야 하며, 셋째 인의 의미는 무엇인지를 알아야 한다.

1. '법'의 개념

먼저 법이 무엇을 말하는 것인지를 살펴보자. 법은 인도 고대어 가운데 빨리어로는 담마(dhamma)라고 하고, 산스끄리뜨어로는 다르마(dharma)라고 한다. 이를 한자로 법(法)이라고 옮긴 것이다. 빨리어 사전에서 '담마'의 의미를 찾아보면 '가르침', '진리', '현상', '도그마', '정의', '법칙', '올바름', '도덕', '사실' 등 그 단어의 의미가 다양하다. 그 많은 뜻 가운데 법인을 말할 때는 어떤 의미일까. 이것만 알면 삼법인의 의미를 이해하는데 아무런 어려움도 없다.

인도철학에서 담마는 우주의 물리적 원리나 질서를 의미하기도 하고, 도덕적 질서를 지배하는 보편적 법칙을 말하기도 한다. 불교의 경우도 크게 다르지 않다. 잘 알려져 있듯이 불교에서는 초월적 존재를 인정하지 않는다. 따라서 담마 역시 초월적 존재가 규정한 법칙이나 이치라고 해석하는 종교적 도그마를 철저하게 비판한다. 대신 붓다의 가르침이 주의나 주장이 아니라, 시대와 사상과 종교와 인종을 넘어서 보편적으로 타당하다는 것을 이야기할 때 '담마'를 말한다. 이렇게 보면 불교에서 담마란 협의의 불교라는 범주 역시 벗어난다고 할 수 있다. 여기에서 협의의 불교란 시대적으로 제한된 불교를 의미한다.

종교는 시대를 반영하면서 변한다. 불교 역시 시대의 흐름에 따라 보이는 특징들이 달라진다. 그러한 특징들에 따라 우리는 부파불교, 대승불교, 선불교, 밀교 등으로 달리 부른다. 그런데 불교의 핵심 가르침은 이러한 시대적 흐름을 초월한다. 그런 의미에서 협의의 불교라는 틀에서 벗어난다고 말한 것이다.

그럼 담마란 시대적 흐름과는 무관하게 불교를 불교이게 하는, 아니 불교라는 말조차 필요 없이 객관적이며 보편적인 원리라고 말할 수 있는 그 무엇이라고 이해할 수 있다. 사실 깨달은 자[붓다]에게는 주의나 주장이 없다. 그에게는 그저 그것(It is that)만이 존재할 뿐이다. 어떤 해석도, 선입견도, 편견도, 주장도 붙지 못하는 '진리' 그 자체만이 빛날 뿐이다. 그것을 어찌 언어로 표현할 수 있을까.

언어는 사회적 약속이다. 예를 들어 '사과'라는 말에는 '사과'가 없다. 우리가 먹는 '사과'와 언어로 표현된 '사과'는 전혀 관련이 없다. 그 관련이 없는 것을 우리는 언어적 약속을 통해 '규정한 것' 뿐이다. 사실 우리가 먹는 '사과'는 그 어떤 단어로도 그것을 100% 표현하는 것은 불가능하다. 아니 인간의 모든 언어를 동원해도 그 사소한 '사과'를 표현하는 것이 애당초 가능하지 않다고 해도 과언은 아니다.

하지만 우리는 이 언어를 통하지 않고는 진리에 다가가지 못한다. 붓다는 이 사실을 누구보다도 명확하게 알고 있다. 그래서 붓다는 언어를 매우 엄밀하게 사용하며, 그 의미를 매우 명확하게 밝히는데 주의를 기울인다.

그렇다면 담마는 어떻게 이해되는가. 첫째 담마는 이 우주에 존재하는 것들을 지배하는 원리, 말하자면 물리 법칙이라고 할 수 있다. 둘째 개인의 삶을 지배하는 원리, 즉 까르마라고 할 수 있다. 셋째 도덕적 원리를 준수해야 하는 의무(duty)를 가리킨다. 붓다는 담마를 이 세 가지 측면에서 구분하여 우리에게 설명한다. 이를 간단하게 도표로 정리하면 다음과 같다.

구분	내용	
우주 원리로서의 담마	물리법칙, 연기	무아, 공
개인 원리로서의 담마	까르마(業), 사성제	
도덕 원리로서의 담마	계(오계나 십계)	

    붓다는 비판적 사유를 매우 강조한다. 비판적 사유가 이루어지지 않으면 우리는 올바른 판단을 할 수 없기 때문이다. 기본적으로 '검은 것을 검다'고 알고, '흰 것을 희다'고 알아야 비로소 진리의 문에 들어설 수 있다. '검은 것이 검은 줄 모르는 자가 있을까?'라고 묻는 사람이 있을 것이다. '그걸 누가 몰라. 세 살 아이도 알겠다.'

    과연 그럴까. '검다'는 것은 색깔로서의 검은 것이 일차적 의미지만, 잘못된 생각, 행동, 말도 '검다'의 범주에 들어간다. 과연 우리는 자신의 잘못된 생각이나 행동이나 말을 잘못되었다고 아는가. 다른 사람의 행동이나 말을 철저히 자신의 입장에서 판단하면서 그것을 '옳다', 혹은 '그르다'라고 말하지 않는가. 비판적 사유를 하지 못하는 자는 맹목적으로 자신의 입장에서 모든 것을 판단한다. 자신의 입장이란 달리 표현하면 자신의 욕망과 욕구이다. 결국 자신의 욕망과 욕구가 시키는 대로 사는 사람들에게는 비판적 사유가 작용하지 않는다. 그들은 단지 욕망의 노예일 뿐이다. 그런 의미에서 불교는 결코 쉽지 않다. 여러분은 자신이 버리고 싶은 습관을 쉽게 버리는가. 그 습관 하나 버리지 못하면서 '불교는 어렵지 않다'고 말하는 것은 어불성설이다.

    그러나 그 욕망에서 한 걸음 떨어지면 '불교만큼 쉬운 것이 없다'. 그 이유는 불교가 너무나 명확하고, 너무나 단순하며, 논리적이고 편협한 주의나 주장이 없기 때문이다. 그렇기에 담마는 누군가가 정한 규칙이나 법칙이 아니다. 이는 우주나 개인의 원리로서는 조작되지 않은 존재하는 것들의 참된 모습이다. 도덕적 차원에서는 특정한 종교나 사상, 시대와 무관하게 인간 사회를 건강하게 유지시키는 최소한의 당위적 원리로 이해된다. 그런데 담마가 이렇게 이해되기 위해서는 바로 비판적 사유가 반드시 선행되어야 한다. 그러면 위에서 언급한 세 가지가 왜 '담마'인지를 분명하게 알게 된다. 그렇다면 다음 '인(印)'에 대한 내용으로 넘어가 보자.

2. 도장(mudra, 印)의 의미

인은 산스끄리뜨어 무드라(mudra)를 번역한 말이다. 해당되는 빨리어는 없다. 미리 말하자면 삼법인이란 말은 초기불교에서는 사용하지 않는다. 대승불교 경전과 같은 후대 경전에서 사용하는 용어다. 다만 삼법인의 내용은 초기 경전에 붓다의 말씀으로 명확하게 전한다. 그것을 하나의 개념으로 묶은 것은 후대의 일이다. 그래서 빨리어 표현이 없다. 무드라는 '표식'이란 의미이다. 우리가 물건을 만들면 원산지를 표시한다. 그래야 소비자가 그것을 보고 구매 여부를 결정하게 된다. 말하자면 표식은 그것에 대한 정보를 제공함과 동시에, 믿을 수 있음을 보여주는 일종의 인증마크와도 같은 것이다. 그래서 한자로 도장을 의미하는 인(印)으로 번역한 것이다. 도장을 찍는다는 것은 공신력을 의미한다. 그래서 우리가 거래를 할 때 도장을 찍으면 법적으로 효력과 근거를 갖는다.

삼법인은 이 우주에 존재하는 것들이 갖는 세 가지 표식 혹은 특성이라고 이해할 수 있다. 법(dhamma)이 갖는 세 가지 의미 가운데 첫째와 둘째에 보다 가까운 해석이라고 보면 된다. 즉 삼법인에서 법은 우주와 개인의 원리로서의 담마의 의미다.

따라서 삼법인을 적극적으로 해석하면 '세 가지 진리의 표식'이라고 하고, 일반적으로는 이것을 존재의 특성이라고 설명하기도 한다. 후대에는 삼법인이 불교의 특징을 나타내는 대표적인 말로 사용되어, 불교를 다른 종교와 구별짓는 기준으로 사용되기에 이른다. 인도 혹은 그 외의 종교전통 어디에도 삼법인과 같은 내용은 없다. 오히려 삼법인과 반대되는 철학이나 주장을 한다. 따라서 삼법인을 진리 판별의 기준으로 보아도 무방하다. 삼법인은 보통 '무상(無常, anicca), 고(苦, dukkha), 무아(無我, anattan)'라고 설명되는데, 한역 『잡아함경』에서는 '무상, 무아, 열반(nibbāna)'으로 제시되고 있다. 그리고 『증일아함경』에서는 '무상, 고, 무아, 열반'을 모두 언급하며 '사법인(四法印)'이라고 할 때도 있다.

구분	무상	고	무아	열반
삼법인(A)	○	○	○	×
삼법인(B)	○	×	○	○
사법인	○	○	○	○

3. 구체적 의미와 논리적 구조

그러면 삼법인의 구체적인 내용을 살펴보자. 삼법인의 내용이 확인되는 대표적인 초기 경전은 우리에게 『법구경(法句經)』으로 잘 알려진 『담마빠다(Dhammapada)』이다.

① "모든 조건 지어진 것들은 무상하다."라고 지혜로서 볼 때, 그때 불만족한 상태에 대해 싫어하여 떠나게 된다. 이것이 청정에 이르는 길이다.
② "모든 조건 지어진 것들은 고이다."라고 지혜로서 볼 때, 그때 불만족한 상태에 대해 싫어하여 떠나게 된다. 이것이 청정에 이르는 길이다.
③ "모든 존재하는 것들은 무아이다."라고 지혜로서 볼 때, 그때 불만족한 상태에 대해 싫어하여 떠나게 된다. 이것이 청정에 이르는 길이다.

한편 앞서 삼법인의 법은 '진리'의 의미로 파악했는데, 법이 왜 진리로 이해될 수 있는지에 대해서는 『앙굿따라 니까야』「출현의 경(Uppādasutta)」에 자세히 나와 있다.

"비구들이여, 모든 조건 지어진 것들은 무상하다." … "모든 조건 지어진 것들은 고[둑카]이다." … "모든 존재하는 것들은 실체가 없다."라고 여래가 출현하거나 여래가 출현하지 않거나 그 세계는 정해져 있으며 원리로서 확립되어 있으며 원리로서 결정되어 있으며 구체적인 것을 조건으로 하는 것이다.

위의 경문에서 알 수 있듯이 초기 경전에서 비록 삼법인이란 표현은 나오지 않지만, 세 가지 명제를 진리로 표명하고 있다는 것을 알 수 있다. '여래가 출현하거나 출현하지 않거나'라는 표현은 연기법을 설하는 장면에서도 마치 정형구처럼 등장하는 표현이다. 따라서 이 표현은 진리를 나타내는 정형구라 할 수 있다. 진리는 누가 정하는 것이 아니고, 누군가가 만든 것도 아니다. 진리는 그 자체로서 이 세상의 원리이다. 이것을 올바르게 깨달은 자가 바로 '붓다'이다.

흔히 삼법인은 '무상-고-무아'와 같이 일련의 논리적 구조를 갖는 것으로 표현된다. 이것은 삼법인이 하나 하나 독립된 가르침이라기보다는 이 세 가지 진리가 서로 밀접하게 관련되어 있음을 보여주는 것이기도 하다. 논리적으로 이를 이해하면 '무상하기 때문에 고'이고, '무상하고, 고이기 때문에 무아이다.'라고 표현할 수 있다. 이러한 논리 구조는 초기 경전에서 오온의 가르침을 설할 때 자주 등장한다.

그런데 무상, 고, 무아의 세 법인 가운데 '고'의 경우는 무상이나 무아와는 의미가 사뭇 다르다. 무상과 무아는 이 우주에 존재하는 것들이 갖고 있는 특성이다. 하지만 '고'는 존재의 무상을 통해 인간이 느끼는 감수작용인 수(受)에 해당한다. 이러한 이유로 『잡아함경』에서는 '일체행무상(一切行無常, 모든 조건지어진 것들은 변한다), 일체법무아(一切法無我, 모든 조건지어진 것들은 실체가 없다), 열반적정(涅槃寂靜, 번뇌가 없는 깨달음의 경지는 고요하고 안온하다)'을 삼법인으로 제시한다. 일체개고를 삼법인에서 제외한 것이다.

그럼, 이제 삼법인이 지닌 각각의 의미를 보다 명확히 이해해 보자. 먼저 제행무상은 "삽베 상카라 아닛짜(Sabbe saṅkhārā aniccā)", 일체개고는 "삽베 상카라 둑카(Sabbe saṅkhārā dukkhā)", 제법무아는 "삽베 담마 안앗따(Sabbe dhammā anattā)"라고 한다. 한역에서 보듯이 제행무상은 일체행무상으로도 표현되고, 일체개고는 일체행고로 표현된다. 결국 제행(諸行)과 일체(一切)는 같은 원어임을 알 수 있다. 빨리어에서도 제행과 일체는 "삽베 상카라(sabbe saṅkhārā)"로 동일하다. 여기서 상카라(saṅkhāra)는 모든 존재하는 것으로서 '형성되어진 것', '조건 지어진 것'을 의미한다. 이 세상에 존재하는 것은 형태가 있는 것이든 없는 것이든 '형성된 것'이며 '조건 지어진 것'이란 의미이다.

 이것을 불교에서는 연기적 존재, 혹은 유위법(有爲法)이라고 한다. 반대로 조건 지어진 것이 아닌 것을 무위법(無爲法)이라고 한다. 연기적 존재, 혹은 유위법은 조건지어진 존재로서 예외없이 '변화'하기 마련이다. 이것이 '무상'의 의미이다. 그런데 무상, 즉 변화는 건강한 상태를 질병의 상태로, 젊음을 늙음으로, 생명을 죽음으로 만드는 것이며, 무엇보다 이 변화에 내가 의도를 갖고 의지대로 할 수 없다는 점에서 '고'로 명확히 인식된다는 의미이다. 그리고 끊임없이 변화하고 내가 의도대로 할 수 없는 것을 '나'라고 할 수 없다는 것이 '무아'의 의미이다.

 그런데 제법무아에서 제법(諸法, sabbe dhammā)은 '이 세상에 조건에 따라 존재하는 것들인 유위법'과 '조건 지어지지 않은 무위법'을 모두 포함하는 개념이다. 무위법에는 '열반'이 포함된다. 그래서 제법무아는 그것이 비록 열반이라고 할지라도 '그것을 그것이게끔 하는 실체가 없다'는 의미를 나타낸다. 이렇게 보면, '무상-고-무아'의 구조에서 '고'는 인간을 설명하는 오온의 체계에서 필요한 것이기에, '무상'에서 바로 '무아'로 연결되는 것에는 아무런 문제가 없다. 변화한다는 것 자체가 이미 변하지 않는 실체로서의 '아(我, ātman)의 부정을 자연스럽게 이끌기 때문이다.

 그러면 오온(五蘊)의 체계에서 삼법인이 적용되는 구체적인 내용을 보자. 『율장』「대품」에 보면 초전법륜에서 다섯 비구들이 법안(法眼, dhammacakku)을 얻었을 때 "생겨나는 것은 무엇이든, 그 모든 것은 소멸한다."라는 앎이 생겼다. 이 앎 이후 다섯 비구는 차례대로 붓다에게 귀의하여 구족계를 받고 출가했다. 출가한 다섯 비구들에게 마지막 가르침이 전해지니 바로 '오온무아(五蘊無我)'에 대한 가르침이다. 오온무아의 가르침 중 한 예로 『율장』「대품」의 '전법륜의 이야기'를 대표적으로 살펴보자.

"비구들이여, 어떻게 생각하는가? 색(rūpa)은 영원한가, 무상한가?
세존이시여, 무상합니다.
그러면 무상한 것은 괴로운 것인가, 즐거운 것인가?
세존이시여, 괴로운 것입니다.
무상하고 괴롭고 변화하는 것을 두고 '이것은 나의 것이고, 이것은 나이고, 이것은 나의 자아이다.'라고 여기는 것은 옳은 것인가?
세존이시여, 그렇지 않습니다."

수상행식(受想行識)에 대해서도 동일한 문답이 나온다. 이는 자아에 대한 환상에서 벗어나게 하는 가르침이다. 우리는 육체를 자아라고 생각하거나, 의식을 자아라고 고집한다. 그러한 자아가 사실은 존재하지 않음을 삼법인의 가르침으로 제시하고 있다.

따라서 삼법인은 좁게는 인간의 자의식을 타파하는 가르침이고, 넓게는 존재하는 것들의 존재방식을 있는 그대로 보여주는 가르침이다. 그래시 잎서 말했듯이, 삼법인은 우주와 개인의 원리를 담고 있는 가르침이다.

| 제7장 |

연기

연기라는 말뜻 | 인과 연의 화합 | 인과의 법칙 |
서로 의존하고 관계를 맺음 | 12연기

佛教授業

　이 세상 모든 존재가 어떻게 생겨나고 살아가다 사라지는가에 대해 인도에서는 많은 주장들이 있었다. 누구는 해와 달과 별이 움직이고 인간이 살고 죽는 것도 모두 신의 뜻이라는 신의론(神意論)을, 누구는 인간을 비롯한 모든 존재는 태어나면서부터 이미 모든 게 결정되어 있다고 하는 숙명론(宿命論)을, 누구는 신의 뜻도 아니고 운명도 아니고 우연이라는 우연론(偶然論)을 주장했다. 이에 비해 붓다는 이 세상 모든 존재는 원인이 있으므로 생겨나고 모든 존재는 서로 의지하고 연관되어 있다는 연기론(緣起論)을 주장했다.

　라자가하 근방의 산자야라는 스승에게 수행하던 사리뿟따(Sāriputta)가 탁발을 나온 부처님의 제자 앗사지(Assaji)의 거룩한 모습을 보고 "그대의 스승은 어떤 진리를 말씀하십니까?"하고 물었다. 그러자 앗사지는 "부처님은 모든 것은 인연으로 일어나며 인연에 따라 소멸한다는 가르침을 말씀하셨습니다."하고 대답했다. 이에 사리뿟따는 크게 깨닫고서 부처님의 제자가 되었다고 한다.

　붓다는 "연기를 보면 진리를 보는 것이고, 진리를 보면 나를 보는 것이다."하며 자신의 가르침 가운데 핵심적인 내용이 바로 연기임을 분명히 했다.

1. 연기라는 말뜻

연기(緣起, paṭiccasamuppāda)란 'paṭicca(~로 말미암아)+sam(함께)+uppāda(올라간다)'로 '~때문에 태어난다' '~으로 말미암아 생긴다'는 뜻이다. 연기는 '인연생기(因緣生起)'의 줄인 말로, '원인과 조건으로 생겨나고 일어난다'고 설명하기도 한다. 이 세상에 존재하는 모든 것은 우연히 생겨나거나 홀로 생겨나는 것이 아니라 상호의존 관계에 따라 생겨난다는 의미이다.

> 이 연기는 참으로 심오하다. 그리고 참으로 심오하게 드러난다. 아난다여, 이 진리를 깨닫지 못하고 이해하지 못하고 꿰뚫지 못하기 때문에 사람들은 실에 꿰어진 구슬처럼 얽히게 되고 베 짜는 사람의 실타래처럼 헝클어지고 문자풀처럼 엉키어서 처참한 곳, 불행한 곳, 파멸하는 곳, 윤회를 벗어나지 못한다.
>
> ―『쌍윳따 니까야』「인연경」

연기는 참으로 어렵고 심오한 가르침이며, 사람들은 연기를 깨닫지 못하기 때문에 괴롭고 불행한 삶을 되풀이하고 있는 것이다.

2. 인과 연의 화합

인과 연이 화합한다고 하여 인연화합(因緣和合)이라고 한다. 인연(nidāna)은 'ni(아래로)+√dā(주다, 놓다)'에서 비롯한 명사로 '기초, 기본, 근원' 등의 뜻이다. 그리고 인을 원인, 연을 조건이라 구분하기도 하고, 인을 직접적인 원인, 연을 간접적인 원인이라고도 한다. 서구학자들은 '인'을 '1차적인 원인(primary cause)', '연'을 '2차적인 원인(secondary cause)'으로 번역한다.

예로부터 인연을 씨앗과 환경으로 비유하기도 한다. 씨앗이 어두운 창고에 있으면 싹을 틔워 자랄 수 없고, 흙에 뿌려져 햇빛과 물과 영양분이 주어질 때 비로소 싹을 틔워 꽃을 피우고 열매를 맺을 수 있다. 씨앗 그 자체는 인이 되고, 그 씨앗을 싹틔울 수 있도록 하는 환경은 연이 된다. 인과 연이 화합해야 비로소 결과를 맺을 수 있다.

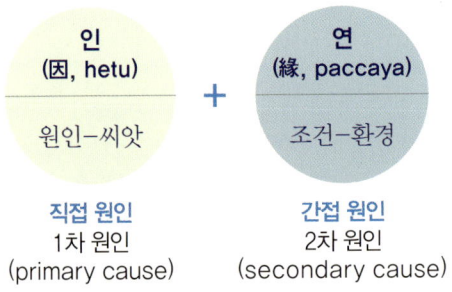

마치 씨앗이 들판에 뿌려져서
잘 자라기 위해서는
땅의 영양분과 수분이
있어야 하는 것과 같다.

– 『쌍윳따 니까야』 「셀라경」

3. 인과의 법칙

인연이 화합하면 반드시 일정한 법칙에 따라 과보가 나타난다. 이를 나누어 설명하면 인의 결과는 과이고 연의 결과는 보라 할 수 있다. 수박씨를 심으면 수박이 나고 참외씨를 심으면 참외가 나는데, 신이라도 이러한 인과의 법칙은 바꿀 수 없다. 거름을 주고 잡초를 제거하는 농부의 노력은 수박과 참외의 맛과 크기와 향기를 좌우한다. 참외씨를 심고 수박을 얻을 수는 없지만 농부의 노력에 의해 맛나고 크고 향기로운 참외는 얻을 수 있다. 수박씨를 심었다 해도 농부의 노력이 없다면 맛도 없고 작고 향기도 없는 수박을 얻을 것이다.

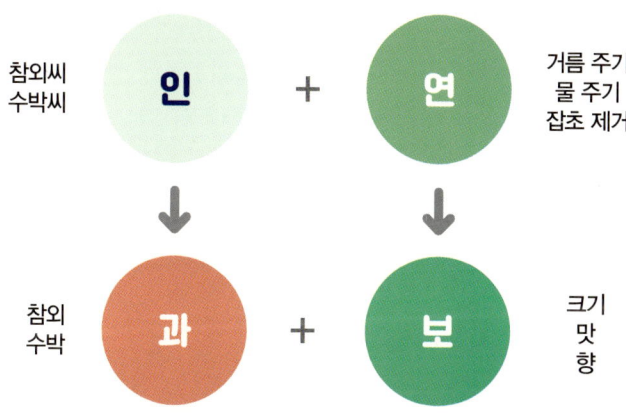

4. 서로 의존하고 관계를 맺음

모든 존재는 여러 가지 원인이나 조건에 의해 어떤 결과가 발생하며 그 결과는 다시 그것을 발생하게 한 원인에 직접으로나 간접으로 영향을 미친다. 곧 일방적인 작용이 아니라 상호작용을 한다.

　　이것이 있을 때 저것이 있고, 이것이 일어날 때 저것이 일어난다.
　　이것이 없을 때 저것이 없고, 이것이 사라질 때 저것이 사라진다.
　　　　　　　　　　　　　－ 『쌍윳따 니까야』 「그대들의 것이 아님 경」

　　위 게송에서 앞의 구절은 존재의 발생을 설명하고, 뒤의 구절은 존재의 소멸을 설명하고 있다. 모든 존재는 그것을 형성시키는 원인과 조건, 그리고 상호관계에 의해서 존재하기도 하고 소멸하기도 한다는 것이다. 이처럼 서로 의존하여 존재함을 서로 기대어 선 갈대단의 비유로 설명하고 있다.

　　예를 들면 두 개의 갈대 다발이 서로 의지하여 서 있는 것과 같다. … 그런데 이 두 개의 갈대 다발 가운데 하나를 빼내면 다른 하나도 쓰러질 것이다. 다른 하나를 빼내면 저 하나도 쓰러질 것이다.
　　　　　　　　　　　　　－ 『쌍윳따 니까야』 「갈대 다발 경」

　　연기법은 붓다가 만든 것이 아니라 단지 이러한 진리를 처음으로 발견했을 뿐이다. 붓다는 "연기법은 내가 만든 것도 아니고 다른 사람이 만든 것도 아니다. 그러므로 연기법은 붓다가 세상에 나오거나 세상에 나오지 않거나 진리의 세계에 항상 존재하고 있다. 붓다는 이 법을 자신이 옳게 깨달은 뒤에 모든 중생을 위해 가르쳐줄 뿐이다."고 했다. 인간과 세계에는 인과 연이 화합되어 생겨나고 사라지는 인연화합의 법칙이 있고, 의지로 지은 행위에 대해 반드시 어떠한 반응이 있다는 인과응보의 법칙이 있으며, 존재들 사이에는 서로 의존하고 관계를 맺는 상의상관성의 법칙이 있다. 이러한 진리는 모든 존재에 머물러 있고, 이러한 법칙을 요소로 하여 모든 존재는 성립하고 있다.

연기법은 붓다가 말한 모든 가르침의 이론적 근거가 된다. 모든 존재는 연기의 원리로 만들어지고 변하고 사라지므로 무상하고 괴롭고 실체가 없는 것이다.

5. 12연기

붓다가 출가하여 해결하고자 한 문제는 늙고 병들고 죽는 고통에서부터 벗어나고자 하는 것이었다. 붓다는 '늙고 병들고 죽는 원인이 무엇인가?'를 관찰하다가 늙고 병들고 죽는 원인은 태어났기 때문이라는 사실을 알아냈다. 그리고 다시 '태어난 원인은 무엇인가?'하고 계속해서 관찰했다. 이렇게 관찰을 계속하여 열두 가지 인과관계를 알게 되었다. 곧 십이연기(十二緣起)는 늙고 죽는 괴로움이 어떻게 일어나는가를 살피고, 괴로움은 어떻게 사라지는가를 밝힌 내용이다.

1) 12연기의 내용

진리에 대한 무지 때문에 의도적 행위를 하게 되고, 이것이 잠재의식이 되어 정신과 물질 등의 대상이 여섯 감각기관과 서로 접촉하여 일어나는 느낌을 받아들임으로써 애착하거나 증오하는 마음이 일어난다. 이에 따라 올바르지 못한 집착으로 다시 태어나는 존재가 형성되어 태어나고, 늙고 병들고 시름하고 슬퍼하고 괴로워하다 죽게 된다는 것이 12연기이다.

①무명(無明, avijjā): 무명(無明, avijjā)이란 'a(부정의 접두사)+vijjā(밝음)'으로 '밝지 못하다'라는 말이다. 무명이란 네 가지 성스러운 진리와 연기론의 진리를 알지 못하는 것을 말한다. 진리에 대한 무지로부터 모든 고통은 시작된다는 것이다. 이처럼 진리를 알고 모름은 인간을 근본적으로 바꿔놓는 결정적인 계기가 된다.

②행(行, saṅkhārā): '형성하는 작용'이라는 뜻으로 무명에 의해 집착된 대상을 실재화하려는 의도적 행위들이라고 할 수 있다. 몸과 입과 마음으로 짓는 업은 지능이나 성격 등의 소질로써 보존되고 축적된다.

③식(識, viññāṇa): 눈·귀·코·혀·몸·마음의 여섯 의식을 말한다. 의도적 행위들에 의해 개체가 형성되자 그곳에 분별하는 의식이 발생한다. 현상에 대한 의식뿐만 아니라 잠재의식도 포함된다. 과거의 경험을 통해 현재의 의식이 생겨난다. 우리가 장미꽃을 보고 장미꽃이라 의식하는 것은 예전에 장미꽃을 본 경험이 있기 때문이다.

④명색(名色, nāma-rūpa): 명(名)은 정신을 말하며 색(色)은 물질을 말한다. 정신이든 물질이든 모두 의식의 대상이 된다. 의식의 대상이 되는 여섯 감각대상 곧 형색·소리·냄새·맛·접촉·법을 말한다.

⑤육입(六入, saḷ-āyatana): 인간이 감각하는 여섯 장소인 눈·귀·코·혀·몸·마음을 말한다.

앞의 의식, 정신과 물질, 여섯 감각기관 세 항목은 시간으로 앞뒤 관계로 보지 않고 동시로 보아야 한다. 의식이 발생하기 위해서는 여섯 감각기관과 그 대상인 형색 등의 여섯 감각대상이 동시에 있어야 하기 때문이다.

⑥촉(觸, phassa): '접촉', '충돌'이라는 뜻으로 눈·귀·코·혀·몸·마음의 여섯 감각기관과 형색·소리·냄새·맛·촉감·법의 여섯 감각대상과 눈·귀·코·혀·몸·마음의 여섯 의식이 서로 화합하는 것이다.

⑦수(受, vedanā): 눈·귀·코·혀·몸·마음의 여섯 감각기관과 형색·소리·냄새·맛·촉감·법의 여섯 감각대상을 만날때 느낌이 일어난다. 경전에는 괴로운 느낌, 즐거운 느낌, 괴로움도 즐거움도 아닌 느낌 세 종류를 들고 있다.

⑧애(愛, taṇhā): 갈애(渴愛)를 뜻하며, 감각적 욕망에 대한 갈애, 존재하고자 하는 갈애, 존재하지 않으려는 갈애로 분류한다. 또는 형색·소리·냄새·맛·촉감·법에 대한 여섯 가지 갈애를 말하기도 한다. 앞서 네 가지 성스러운 진리 가운데 괴로움의 원인이 갈애임을 이미 살펴보았다. 좋아하는 사람이나 물건을 만나면 애착심이 생겨나고 싫어하는 사람이나 물건을 만나면 증오심이 생겨난다. 애착심뿐만 아니라 증오심도 갈애이다. 갈애는 번뇌 중에서 가장 심한 번뇌로 수행에 커다란 장애가 된다.

⑨취(取, upādāna): 올바르지 못한 집착, 지나친 집착을 뜻하며, 끝없는 욕망을 가지고 대상을 움켜쥐어 완전히 자기 소유화하는 것이다. 곧 갈애가 더욱 강화된 것이라 할 수 있다. 이는 감각적 욕망에 집착하거나, 허무주의나 숙명론자와 같은 잘못된 견해에 집착하거나, 종교의례나 고행 혹은 계율로 해탈에 이를 수 있다고 집착하거나, 오온을 나라고 집착하는 것을 말한다.

⑩유(有, bhava): 다음 생으로 이어지는 세 가지 존재의 상태를 말한다. 감정이 격앙되면 좋거나 나쁜 의도적인 행위들을 하게 된다. 그리고 그러한 의도적인 행위들은 욕망의 세계나 물질의 세계, 비물질의 세계에 다시 태어나게 하는 존재를 가져온다.

⑪생(生, jāti): 태어난다는 뜻이다. 감각적인 욕망에 대한 집착으로 다시 태어나게 하는 행위를 하게 되고, 그로부터 무더기들이 다시 형성하게 된다. 태어남은 색·수·상·행·식의 오온이 나타남을 의미하나 일반적으로는 '인간이 태어난다'라고 표현한다.

⑫노사(老死 jarā-maraṇa): 태어났으므로 늙어가고 죽게 된다. 노쇠하고, 치아는 부서지고, 머리칼은 희어지고, 피부는 주름지고, 수명은 감소하고, 감각기능이 쇠퇴함을 늙음이라 하고, 제거되고, 사라지고, 다섯 무더기가 부서지고, 생명의 기능이 끊어짐을 죽음이라 한다.

> 비구들이여, 무명을 조건으로 의도적 행위들이, 의도적 행위들을 조건으로 의식이, 의식을 조건으로 정신과 물질이, 정신과 물질을 조건으로 여섯 감각기관이, 여섯 감각기관을 조건으로 접촉이, 접촉을 조건으로 느낌이, 느낌을 조건으로 갈애가, 갈애를 조건으로 집착이, 집착을 조건으로 존재가, 존재를 조건으로 태어남이, 태어남을 조건으로 늙고 죽음이 있다.
>
> -『쌍윳따 니까야』「연기경」

결국 진리에 대한 무지가 있으면 그로 말미암아 태어나고 죽는 중생의 괴로운 존재 방식이 있게 되므로, 태어나고 죽음을 근본적으로 극복하기 위해서는 진리에 대한 무지를 없애야만 한다. 사람들은 인생을 과거 어느 시점으로부터 미래 어느 시점으로 나아가는 직선으로 여기는 게 보통이다. 그러나 불교는 인생을 끊임없이 되풀이하는 순환으로 보며, 이렇게 볼 때 인생은 뫼비우스의 띠처럼 끝없는 연속이다.

12연기의 가르침을 다음과 같이 정리할 수 있다.

첫째, 12연기는 괴로움이 어떻게 일어나고 어떻게 소멸하는가를 설명하고 있다. 진리에 대한 무지가 있으므로 의도적 행위들이 있고, 의도적 행위들이 있으므로 의식이 있고, …늙고 죽음이 있다고 괴로움이 발생하는 차례대로 먼저 살펴본다. 이를 유전연기(流轉緣起)라 한다. 그리고 진리에 대한 무지가 소멸하므로 의도적 행위들이 소멸하고, 의도적 행위들이 소멸하므로 의식이 소멸하고, …늙고 죽음이 소멸한다고 괴로움이 소멸하는 차례대로 살펴본다. 이를 환멸연기(還滅緣起)라고 한다.

무명 – 행 – 식 – 명색 – 육입 – 촉 – 수 – 애 – 취 – 유 – 생 – 노사
→ 유전연기(流轉緣起) : 발생 구조
→ 환멸연기(還滅緣起) : 소멸 구조

둘째 12연기는 원인과 결과의 연속이다. 12연기에서 앞은 원인이 되고 뒤는 결과가 되며 원인과 결과가 계속된다. 이러한 인과관계를 부파불교에서는 과거와 현재와 미래의 삼세(三世) 인과로 설명하기도 한다.

위에서 살펴본 연기론을 통해 우리는 인연의 화합은 물질의 생성과 변화이고, 인과의 법칙은 인과응보이며, 서로 의존하고 관계를 맺음은 존재의 공생공존이고, 12연기는 생사윤회임을 이해할 수 있다.

| 제8장 |

업과 윤회

업의 의미 | 윤회 | 육도와 삼계 |
업과 윤회 사상의 의의

佛教授業

어떤 사람은 부유하고 권세를 누리는 반면, 어떤 사람은 가난하고 궁핍하다. 어떤 사람은 평생 건강하고 튼튼한데 비해 어떤 사람은 날 때부터 병약하다. 어떤 사람은 잘생긴 외모에 좋은 머리, 완전한 감각기능을 타고나지만, 어떤 사람은 추한 외모나 각종 신체적 장애를 지니고 태어난다. 어떤 사람은 장수를 누리고 어떤 사람은 젊은 나이에 요절한다. 이처럼 사람들의 운명은 많은 차이가 있다. 불교에 따르면 이러한 불평등과 차별 현상은 우연이 아니며, 거기에 선행하는 원인과 조건이 반드시 있기 때문이라고 한다. 그러한 원인과 조건이 바로 업이다.

예컨대 나쁜 씨앗에서는 싱싱하고 맛난 과일이 열리는 튼튼한 과일나무가 나올 수 없듯이 전생의 악업은 다음 생에서 악운을 맞게 하는 씨앗이 된다. 반대로 좋은 씨앗에서는 싱싱하고 맛난 과일이 열리는 튼튼한 과일나무가 나오듯이 전생의 선업은 다음 생에 행운을 맞게 하는 씨앗이 된다. 이는 '뿌린 대로 거두리라'라는 성경의 구절이나 '콩 심은데 콩나고 팥 심은데 팥난다'는 우리말 속담과 같이 선을 행하면 선의 결과가, 악을 행하면 악의 결과가 반드시 뒤따른다는 사상을 담고 있다. 또한 모든 사람은 전생의 업에 따라 상응하는 환경과 상태로 계속해서 다시 태어나는 것이 바로 윤회이다. 이처럼 업과 윤회가 인정될 때야 비로소 인생의 모든 변칙적 상황이나 불공평이 설명될 수 있다.

1. 업의 의미

업의 원어인 빨리어 깜마(kamma)와 산스끄리뜨어 까르마(karma)는 '하다', '만들다', '행하다'를 뜻하는 어원 √kr에서 나왔다. 그래서 문자적으로 '행위'를 뜻한다. 오늘날 힌두교의 모태가 된 웨다 종교에서는 까르마라는 단어가 제사 행위를 가리켰다. 이 제사 행위는 사제 계급인 브라만이 제사 후원자의 이름으로 집행하였으며 이를 통해 제사 의뢰인은 조상들에게 공덕을 회향할 수 있고 자신의 내생도 결정한다고 믿었다. 기원전 6세기 경의 우빠니샤드(Upaniṣad)에서는 업은 개인의 행동으로 재해석되기 시작했다. 희생제의 불은, 인체의 기능, 특히 숨으로 상징적으로 내재화되고 해석 되었다.

불교는 이보다 한 단계 더 나아간 경향을 취한다. 붓다는 초기 경전인 『앙굿따라 니까야』에서 업이라고 부르는 것은 의도이며, 사람은 이 의도에 의해 몸, 말, 뜻을 통하여 업을 짓게 된다고 말씀하신다. 이처럼 업은 개인의 아무 행동과 다 관련되는 것이 아니라 의도를 가지고 행해진 특별한 행동이며, 업은 마음으로 생각하고, 입으로 말하고, 신체로 행하는 세 종류로 이루어진다. 이 세 종류의 업을 몸과 말과 마음의 삼업(三業)이라고 부른다. 업의 본질은 의도이므로 삼업은 긴밀하게 연결된다. 예컨대 입에서 내뱉는 말은 반드시 마음에서 비롯된 것이며, 마음에도 없는 것을 입으로 내뱉는다는 것은 인정되지 않는다. 그래서 불교는 행위에서 결코 결과론을 따르지 않고 항상 동기론을 취한다. 자이나교에서는 무심코 벌레를 밟아 죽인 것은 악업이 되지만, 불교에서는 그렇지 않은 이유가 바로 여기에 있다.

그런데 많은 사람들이 업이라는 용어를 행위의 결과로만 해석하여 모든 일이 전생 업의 결과라고 잘못 생각한다. 예컨대 우리가 일상에서 어떤 나쁜 일을 당했을 때 '그것은 업이다.'라고 말하는 경우이다. 이는 업의 사상을 숙명론으로 오해하고 있음을 보여준다. 그러나 모든 일들이 다 업의 원인을 필요로 하는 것은 아니며, 복권에 당첨되거나 감기에 걸리는 것은 그저 우연한 사건들일 뿐이다. 오히려 업 사상은 인간이 자기 의지나 행위로 자신의 장래 운명을 만들어 나가는 힘을 지니고 있음을 알려준다. 사람 운세가 올라가고 내려가는 것은 자기 행위에 달려 있으며 행복해지거나 비참해지는 것도 역시 그러하다. 특히 업은 사후에 윤회를 계속하게 만드는 원인일 뿐만 아니라 내생에서도 좋거나 나쁜 과보를 초래하여 금생의 인격과 운명에 결정적인 영향을 끼친다. 예를 들면, 사람을 비롯한 모든 생명에게 친절과 자비를 베풀게 되면 우리는 날이 갈수록 선량하게 되며, 쉽게 성을 내지 않는 성격으로 변한다. 이처럼 사람은 누구나 옳은 방향으로 노력함으로써 자신의 운명을 개선할 수 있기에 업사상은 숙명론과는 성격을 달리한다.

불교는 개인 행위의 주체성을 책임을 중시하지만, 동시에 개인 행위의 결과는 자신뿐 아니라 사회의 구성원 전체가 받게 되며, 마찬가지로 다른 사람이 행한 선악의 과보를 공유하기도 하는데 이것을 공업(共業)이라고 한다.

2. 윤회

업은 윤회와 밀접한 관련이 있다. 왜냐하면 현재의 삶 너머로 업을 적용하면 그것이 곧 윤회이기 때문이다. 성불(成佛)을 목표로 하는 보살도(菩薩道)의 이상과 그와 관련된 해탈의 원리도 이 윤회 사상이 없이는 성립될 수 없을 만큼 불교에서는 업과 더불어 중요한 사상이다.

'윤회(輪廻)'로 번역되는 빨리어와 산스끄리뜨어는 삼사라(saṃsāra)로 이것은 saṁ(두루, 바르게, 함께)과 √sṛ(흐르다, 움직이다)로 분해되며, 글자 그대로 '함께 움직임, 함께 흘러감'을 뜻한다. 이러한 어의적 설명이 암시하듯이, 윤회는 전생의 업에 따라 상응하는 환경과 상태로 계속해서 다시 태어나는 것을 말한다. 그러한 업의 배경에는 무명(無明, avijjā)과 갈애(渴愛, taṇhā)가 있다. 이는 초기 경전인 『상윳따 니까야』에 나오는 윤회에 대한 정형구에서 잘 드러난다.

"비구들이여, 이 윤회의 시작은 헤아릴 수 없다. 무명에 가려진 중생들이 갈애에 속박당하여 갈팡질팡 헤매기 시작한 윤회의 시초는 알 수가 없다."

이처럼 윤회의 첫 시작을 아는 일은 불가능하며, 윤회는 깨달음 또는 해탈을 이루기 전까지 계속된다.

윤회의 매커니즘은 연기(緣起, paṭiccasamuppāda)에서 분명하게 드러난다. 연기는 붓다가 보리수 아래에서 존재의 속성을 순차적인 순서와 반대 순서로 추적하여 한 생에서 다른 생으로 윤회하는 원인과 조건들을 밝힌 것이다. 원인과 조건은 모두 12가지인데 이를 12연기(十二緣起)라고 한다. ① 무명(無明, avijjā) ② 행(行, saṅkhāra) ③ 식(識, viññāṇa) ④ 명색(名色, nāma-rūpa) ⑤ 6처(六處, saḷāyatana) ⑥ 촉(觸, phassa) ⑦ 수(受, vedanā) ⑧ 애(愛, taṇhā) ⑨ 취(取, upādāna) ⑩ 유(有, bhava) ⑪ 생(生, jāti) ⑫ 노사(老死, jarāmaraṇa)이다.

①과 ②는 과거세에 속하고, ③부터 ⑩까지는 현재세에 속하며, ⑪과 ⑫는 미래세에 속하기 때문에 삼세양중인과(三世兩重因果)라고

한다. 이처럼 윤회는 영속하는 자아나 영혼의 관념이 배제된 원인과 결과의 무한한 반복이다.

많은 사람이 흔히 윤회가 힌두교나 불교만 가지고 있는 사상이라고 생각한다. 하지만 이는 사실이 아니다. 아프리카 흑인, 폴리네시아인, 아메리카 대륙의 인디언을 포함하여 거의 모든 고대인들 사이에서 윤회는 여러 가지 형태로 신봉되었다. 고대 켈트족이 믿던 종교인 드루이드교(Druidism)에서는 영혼의 불멸과 윤회를 믿었다. 그리스의 수학자이자 철학자 피타고라스(Pythagoras)도 마찬가지였다. 그는 삶이 목적이 영혼을 정화하고 더 높은 수준의 존재에 도달하는 것이라고 생각했다. 이러한 생각에 기초하여 육식(肉食)을 철저하게 금했고, 동물을 학대하지 말라고 주장했다. 고대 기독교의 일파인 영지주의(靈知主義, Gnosticism)의 신자들은 정통파 기독교인들과는 달리 윤회를 믿었다. 힌두교에서도 윤회는 중요한 교리이다. 하지만 이러한 윤회는 불변하는 자아나 영혼이 사후에 새로운 몸을 받는다는 개념인 재육화(再肉化, reincarnation)에 가깝다. 불교는 영원한 영혼이나 자아의 실체를 부정하고 오직 원인과 결과의 순환인 윤회를 가르친다. 그러므로 이러한 윤회는 불교의 윤회와는 성격이 다르다.

3. 육도와 삼계

원칙적으로는, 업의 종류가 무한함에 따라서 생명의 종류도 무한할 수밖에 없을 것이다. 하지만 단순히 이것을 무한하다고 말하는 것만으로는 불편한 점이 있으므로 붓다는 이를 다섯 가지로 구분했다. 다섯 가지란 지옥, 축생, 아귀, 인간, 천신을 말한다. 앞의 셋은 인간에 비해 열등하고 고통이 많고 정신적 향상을 이루기 어렵기 때문에 악도(惡道)나 악취(惡趣)라고 한다. 뒤의 둘은 악도나 악취에 비해 우월하고 고통이 덜하며 정신적 향상을 이루기 쉽기 때문에 선도(善道)나 선취(善趣)로 분류된다. 때로는 아수라를 추가하여 6도(六道)나 6취(六趣)라고 한다. 사람은 지은 업에 따라 6도나 6취에 태어남과 죽음을 반복하는데, 이를 육도윤회(六道輪廻)라고 한다. 육도윤회는 불교 예술에서 인기 있는 주제이며, 티베트 불교에서 존재의 바퀴(bhava-cakra)로 자주 묘사된다.

지옥(地獄)은 윤회의 세계에서 가장 고통이 극심한 세계이다. 원어 니라야(niraya)는 nis(밖으로)와 √i(가다)에서 파생된 남성명사로서 '밖으로 떨어져 나가다, 파멸하다'라는 문자적인 뜻에서 '지옥'을 뜻하게 되었다. 또 나라까(naraka)라고도 하는데, 우리가 일상적으로 사용하는 '나락(奈落)'이란 말이 바로 여기서 유래하였다. 지옥에 태어난 자는 불에 타거나 팔다리가 잘리거나 극심한 추위에 시달리거나 산 채로 먹히지만 다시 살아나서 이러한 고통을 다시 겪는 것으로 묘사된다. 지옥 중에서 가장 무시무시한 지옥은 무간지옥(無間地獄) 또는 아비지옥(阿鼻地獄)이다. 이 지옥은 팔열지옥(八熱地獄)의 하나로, 무간이라고 한 것은 그곳에서 받는 고통이 간극 없이 계속되기 때문이다. 지옥의 고통 받는 모습은 사찰 명부전(冥府殿) 안의 시왕탱화(十王幀畵) 속에 묘사되어 있는 경우가 많으며, 여러 문학 작품이나 민간 설화에도 이에 대한 표현이 나타나고 있다. 지옥에서의 삶은 이루 헤아릴 수 없는 시간으로 측정되지만 어떤 재생도 영원하지 않으므로 지옥에 태어난 자도 시간이 지나면 다시 인간으로 재생할 수 있다. 그러한 점에서 기독교의 지옥과는 다르다.

아귀(餓鬼)는 배고픈 귀신을 말한다. 원어인 빨리어 뻬따(peta)는 아버지를 뜻하는 뻬따(pita)의 명사 변화형으로 '아버지에 속하는'이란 뜻이다. 그래서 원래는 조상신을 뜻했다. 그런데 제사에서 후손들이 올리는 음식을 기다리는 자들이라는 뜻에서 불교에서 아귀로 정착된 것으로 보인다. 아귀는 사는 영역이 따로 없이 숲이나 습지나 묘지 등 인간이 사는 세계에 같이 산다. 아귀는 보통 거대한 배와 배고픔에 지친 모습, 작은 목으로 인해 음식물이 거의 통과되지 않는 것으로 묘사된다. 아귀는 사는 영역이 따로 없이 숲이나 습지나 묘지 등 인간이 사는 세계에 같이 산다. 사찰에서 발우공양(鉢盂供養)을 한 뒤 청수(淸水)를 마당의 돌 위에 버리는 풍습이 있는데, 이는 아귀의 고통을 없앤다는 목적이 있다.

축생(畜生)은 동물, 어류, 벌레 등을 말한다. 원어인 빨리어 띠랏짜나요니(tiracchāna-yoni)는 tiro(가로질러)와 √acchan(가다)과 yoni(모태)의 합성어이다. 동물들은 직립 보행을 못하고 옆으로, 즉 네 발로 걷거나 움직이기 때문에 붙여진 이름이다. 동물의 세계는 서로 죽고 죽이는 약육강식의 법칙이 지배하기 때문에 축생은 자애와 연민과 같은 선한 마음을 일으키기 어렵고 대개 고통과 두려움에 휩싸여 죽기 때문에 다시 악도나 악취에 태어날 가능성이 크다. 경우에 따라서는 축생도 선한 마음을 일으켜 다음 생에 인간계나 천상에 태어나기도 한다. 식물은 감촉에 대한 민감성의 형태로 매우 기초적인 마음을 가지고 있는 것으로 보이지만, 축생에는 포함되지 않는다.

아수라(阿修羅)는 천신들과 대적하는 싸움을 좋아하는 족속들이다. 가끔 신문이나 TV를 보면 어떤 집회가 불량배들에 의해 난장판이 되었을 때 '아수라장이 되었다.'는 기사를 보는데, 이 아수라장이라는 말 역시 여기서 유래한다.

인간은 직립 보행을 하며 사고와 언어 능력을 바탕으로 문명과 사회를 이루고 사는 고등 동물이다. 원어인 빨리어는 마눗사(manussa)이다. 불교는 마눗사를 마음(mano)과 연관시켜서 인간은 마음이 증대하는 존재나 생각하는 존재이기에 그렇게 불린다고 본다. 불교에서 전해 내려오는 유명한 비유 중에 '눈먼 거북의 비유'가 있다. 그것은 대양에 눈먼 거북이 1백 년에 한 번 대양의 표면으로 떠오르는데, 그때 대양을 떠돌고 있는 조그만 판자의 구멍에 목을 넣는 것보다 인간으로 태어나는 것이 더 어렵다는 비유이다. 이처럼 인간으로 태어나는 것은 아주 바람직하면서도 얻기 매우 어려운 것으로 생각된다. 인간계보다 더 높고 많은 존재계가 있으나, 이러한 곳들은 정신적 진보를 이루는 데 방해되는 요소들이 많다. 예컨대 인간계보다 높은 천국에 태어나면, 천국의 행복에 취해서 깨달음을 이루고자 하는 열정을 잃어버리게 된다. 이에 비해 인간의 존재는 마치 붓다가 출가 전에 성 밖에서 늙음과 병듦과 같은 네 가지 표식을 본 것과 같이 삶의 무상을 깨달을 수 있고 삶의 문제에 대한 근원적인 해결책을 찾을 수 있다. 그래서 모든 보살은 그 마지막 생을 도솔천(兜率天)에서 마치고 인간으로 태어난다.

천신(天神)은 선업의 과보로 천상계에 나서 즐거움을 누리는 존재들을 통칭하는 말이다. 그 원어인 데와(deva)는 √div(빛나다)에서 파생된 명사이다. 천신은 선업의 과보로 천국에 나서 즐거움을 누리지만 업의 지배를 받기에 그 수명이 다하고 나면 다른 존재들처럼 윤회한다. 따라서 천국에 태어나는 것은 불교의 궁극적 목표가 될 수 없다. 불교가 목표로 하는 깨달음의 경지는 윤회의 세계를 초월하는 것으로, 그것은 업과 그 과보의 속박에서 해방됨으로써 실현된다.

위에서 말한 6도의 존재는 태어나는 방법에 따라 태생(胎生), 난생(卵生), 습생(濕生), 화생(化生)의 네 가지로 분류된다. 태생은 자궁에서 태어나는 존재를 말하며 사람과 포유동물이 이에 해당한다. 난생은 알에서 태어나는 존재를 말하며 조류와 어류가 이에 해당한다. 습생은 습한 곳이나 오폐물에서 생겨나는 존재를 말하며 모기, 지렁이, 구더기 등이 이에 해당한다. 화생은 완전히 성장한 육체를 가지고 자연발생적으로 생겨나는 존재를 말하며 지옥의 존재, 천신, 아귀, 아수라가 이에 해당한다.

위의 6도와 네 가지 태어나는 방식을 세계에 배대하면 욕계(欲界), 색계(色界), 무색계(無色界)의 3계(三界)가 된다. 욕계는 감각적 욕망이 지배하는 세계이다. 지옥, 아귀, 축생, 아수라, 인간의 다섯 가지와 사왕천(四王天), 도리천(忉利天), 야마천(夜摩天), 도솔천(兜率天), 화락천(化樂天), 타화자재천(他化自在天) 등의 육욕천(六欲天)이 여기에 속한다. 색계는 미세한 물질의 세계이다. 이 세계에 거주하는 천신들은 음욕을 떠나 더럽고 거친 물질에는 집착하지 않으며 청정하고 미세한 물질에 묶여 있다. 색계는 초선천(初禪天)부터 사선천(四禪天)까지의 16가지 색계천(色界天)이다. 무색계는 물질이 없는 세계로서 공무변처천(空無邊處天)부터 비상비비상처천(非想非非想處天)까지

4가지 무색계천(無色界天)이다. 세상은 모두 중생들 마음의 반영이다. 그러므로 욕계는 다양한 감각적 욕망에 휩싸인 심리상태를 가진 존재들이 사는 곳이다. 색계는 색계선(色界禪)이라 불리는 선정(禪定)의 심리 상태에 있는 존재들이 머무는 곳이고, 무색계는 무색계선(無色界禪)이라 불리는 선정의 심리 상태를 가진 존재들이 머무는 곳이

층위	영역의 구분	명상의 수준	
31	지각도 아니고 지각 아닌 것도 아닌 영역 (비상비비상처非想非非想處)	8	무색계 (無色界 arūpāvacara)
30	어떤 것도 존재하지 않는 영역 (무소유처無所有處)	7	
29	무한한 의식의 영역 (식무변처識無邊處)	6	
28	무한한 공간의 영역 (공무변처空無邊處)	5	
27 ⋮ 12	상위의 신들	4 3 2 1	색계 (色界 rūpāvacara)
11 ⋮ 6	하위의 신들		욕계 (欲界 kāmāvacara)
5	하위의 신들		
4	아수라		
3	아귀		
2	축생		
1	지옥		

제8장 업과 윤회

다. 존재들의 세계는 이처럼 여러 가지 방식으로 분류되고 각각의 세계에 따라 수명이나 고통의 정도가 다르지만 모두 윤회의 과정에 있다는 점에서 동일하다. 깨달음을 얻어 해탈하는 것은 윤회를 벗어나는 것으로서 삼계를 모두 초월하여 다시 태어나지 않는 것을 말한다.

4. 업과 윤회 사상의 의의

원인과 결과의 법칙이 지배하는 업과 윤회 속에서는 그 어떤 원인도 그 이전 원인의 결과로 보기 때문에 절대적 시초란 있을 수 없다. 따라서 조물주나 창조신 자신도 그를 창조한 또 다른 조물주나 창조신을 가져야 한다. 만일 그런 조물주나 창조신을 갖지 못한다면 그의 존재에 관한 논거는 인과적 근거 상으로는 무너지게 된다. 궁극적 의미에서의 시초가 반드시 있어야 한다는 생각은 버트런드 러셀(Bertrand Russell)이 『왜 나는 기독교인이 아닌가』에서 지적한 것처럼 인간 이해력의 한계에서 비롯된 것이다. 그러므로 업과 윤회 사상에는 조물주 또는 창조신과 관련된 문제는 끼어들지 않는다.

업과 윤회 사상은 인간의 운명을 현생뿐만 아니라 전생과 내생의 장구한 시간에 걸친 원인과 결과의 연쇄로서 설명한 것이다. 그것은 현재의 고난을 과거에 자신이 저지른 나쁜 일의 결과, 즉 스스로 그 책임을 짊어져야 할 것으로 여겨서 스스로를 위로할 수 있도록 한다. 또 내세의 고난을 피하고 행복한 생활을 보내고 싶어하는 사람들의 염원을 이용하여 그들로 하여금 이 세상에서 악을 버리고 선을 쌓는 미풍양속으로 향하게 하는 효과를 지닌다. 이 세상 모든 생물의 윤회전생을 생각하면, 우리가 언젠가 과거세에는 짐승이나 벌레

등의 동물로 살았을 것이고, 또 이러한 동물들도 일찍이 인간이었을 것임에 틀림없다.

   결국 영원한 윤회의 과정 속에서 모든 생명은 서로 어버이가 되고 자식이 되며, 남편이 되고 아내가 되는 등 밀접한 친족 관계를 맺어 온 것이므로, 다른 생명을 죽이거나 고통스럽게 하는 것은 자신의 옛 친지를 죽이거나 고통스럽게 하는 것이 된다. 여기에서 모든 생명에 대한 사랑과 자비의 감정이 일어나, 생명을 해치지 말아야 한다는 비폭력 사상이 생겨나게 되었다.

| 제9장 |

대승불교운동

| 대승불교의 성립과 전개 |
| 보살 사상 | 보살의 수행 |

佛教授業

시간이 지나며 불교는 점차 넓은 지역으로 전파되고, 그 지역의 기후나 풍습, 문화 등에 따라 법과 계율에 대한 이해를 달리하게 되었다. 붓다가 입멸한 뒤 100년 무렵 불교는 전통을 고수하려는 보수적 경향의 상좌부(上座部, Theravāda)와 시대적 상황 변화에 따라 해석하려는 진보적 성향의 대중부(大衆部, Mahāsāṃghika)로 분열했다. 교리 해석의 차이, 계율 해석의 차이, 지역적 고립, 언어의 차이와 같은 이유로 형성됐다고 한다. 이를 부파불교라고 한다. 부파불교는 출가자를 중심으로 붓다의 가르침을 분석하고 체계화해 교학의 발달을 가져왔다. 그러나 전문적인 교학 연구와 철저한 수행이 불가한 일반 대중은 불교를 이해하고 실천하기가 힘들었다. 불교가 이렇게 대중에게 멀어지고 있던 BCE 2C 무렵 붓다의 진정한 정신을 되찾으려는 불교운동이 일어났다.

자신의 깨달음과 함께 중생들을 교화하는 이러한 새로운 불교를 대승불교(大乘佛敎, Mahāyāna Buddhism)라고 불렀다. 대승(大乘, mahāyāna)이란 'mahā(큰)+yāna(탈 것)'로 '깨달음을 향해 나아가는 큰 탈 것'이라는 의미이다. 그리고 개인의 깨달음을 위해 수행하는 지금까지의 불교를 소승불교(小乘, Hīnayāna Buddhism)라고 불렀다. 그러나 상대를 낮추어 부르는 소승불교라는 용어를 더이상 사용하지 않고 오늘날에는 '부파불교'라고 부른다. 동남아시아불교를 '상좌부불교', '테라와다불교(Theravāda Buddhism)'라고 부른다.

	450 BCE	100 BCE	500 CE
			밀교
초기불교	부파불교	대승불교	

1. 대승불교의 성립과 전개

1) 대승불교의 성립

BCE 2세기 무렵 인도의 정통 브라만교는 사성계급에 대한 종교적 의무와 생활 규범 등을 규정한 마누(Manu)법전을 편찬하고 대서사시인 『마하바라따(Mahābhārata)』와 『라마야나(Rāmayāna)』를 저술했다. 특히 『마하바라따』의 일부인 『바가와드 기따(Bhāgavad gītā)』는 위슈누(Viṣṇu)신에 대한 절대적인 헌신이 강조되고 있다. 또한 위슈누는 인간이 어려운 상황에 놓일 때마다 물고기·멧돼지·사자인간 등으로 나타나 인간을 구원했다고 믿었다. 이러한 헌신과 화신(化身)사상에 젖어있던 대중들의 요구가 대승불교의 형성에 큰 영향을 주었다.

대승불교가 일어나게 된 직접적인 배경을 학계에서는 여러 가지로 설명하고 있다.

(1) 부파불교의 내적 변용

진보 성향을 가진 대중부는 붓다가 인간적인 특성과 행동들을 외면적으로 나타낸 것은 단지 세상에 순응하기 위해서일 뿐이라고 했다. 그리하여 붓나는 세상 어디에서나 나타나고, 신통력이 있으며, 수명은 무한하다고 했다. 그들은 깨달음을 얻어 붓다가 되겠다고 했으며, 누구나 붓다가 될 수 있다고 했다. 진보 성향의 비구들이 재가신자도 출가자와 똑같이 깨달음을 얻을 수 있다는 적극적인 불교를 일으키고 붓다의 가르침을 확대해 대승경전을 만들고 이를 널리 전했다는 주장이다.

(2) 불전문학(佛傳文學)

붓다에 대한 그리움과 동경은 붓다에 대한 찬탄으로 이어져 각종 비유와 은유 또는 우화의 성격을 가진 문학작품을 낳았다. 유명한 불교 시인 아쉬와고샤(Aśvaghoṣa)는 붓다의 일생을 문학적으로 훌륭하게 표현한 『붓다짜리따(Buddhacarita)』를 남겼다. 그리고 붓다의 전생을 기록한 본생담(本生譚, Jātaka)을 만들었다. 이들 설화는 당시 인도사회에 널리 알려져 있던 이야기 등에서 빌려와 붓다가 전생에 왕이나 수행자로서 태어났을 뿐만 아니라 사슴과 원숭이 등의 동물로도 태어나 좋은 업을 지었다는 내용이다. 불전문학에서 붓다는 위대한 존재로 찬양되었다. 붓다에 대한 그리움이나 찬양은 붓다를 점차 초인화하고 신격화하기에 이르렀다.

(3) 불탑(佛塔)신앙

붓다 입멸 후 약 2백 년이 지나 인도 마우리야(Maurya)왕조의 제3대 아쇼까(Aśoka, 재위 BCE 268~232)왕은 붓다의 사리(舍利)를 나누어 수많은 불탑을 세웠으며, 불탑을 유지하고 관리하기 위해 많은 토지를 희사했다. 그리고 불탑을 만들면 하늘나라에 태어나는 공덕을 짓는다는 믿음이 생겨나 수많은 사리탑이 세워지고 사리탑에 공양하고 예배하는 사람들이 늘어갔다.

(4) 대승경전의 숭배

기존 부파불교 안에서 일부 승려가 대승경전을 완성하고 그 경전을 숭배하면서 대승이라는 정체성이 강화되었다. 그들은 자신들의 교리 체계를 새롭게 완성해 나갔고, 점차 대승불교라는 테두리 안으로 경전과 다양한 전통이 모여들었다. 처음부터 대승불교라는 독립된 교단을 형성하지 않았고 부파불교 속에 공존하면서 5세기 무렵에야 교단으로 자립했다.

위에서 살펴본 바와 같이 대승불교는 외부적으로는 당시 인도의 브라만교 신앙에 영향을 받았다. 불교 내부적으로는 부파불교의 진보 성향을 가진 대중부의 사상, 붓다를 찬탄하는 불전문학의 영향, 불탑신앙의 영향, 대승경전의 숭배 등을 통해 이루어진 새로운 신앙 운동이라고 할 수 있다.

세속의 삶을 살아야 하는 재가자들은 계율을 엄격히 지킬 수 없고, 어려운 교학을 익힐 수도 없고, 오랜 시간 수행을 할 수도 없었다. 재가 신자들은 오로지 붓다의 자비와 원력에 의해 현실의 고통에서 벗어나기를 바랄 뿐이었다. 이러한 종교적인 욕구에 따라 '진리의 붓다'에서 '구원의 붓다'로, '진리의 불교'에서 '붓다의 불교'로 변하게 되었다.

2) 대승불교의 전개

아쇼까왕은 인도를 통일하면서 전쟁의 처참함을 경험하고 열렬한 불교신자가 되었다. 왕은 불교를 널리 알리기 위해 전법사를 이웃 나라에 보내고 인도의 서북지방에 많은 불교 사원과 불탑을 세웠다. 2세기 후반에는 쿠샨(Kuṣāṇa)왕조의 3대 까니슈까왕(Kaniṣka)이 왕권을 장악하고 중앙아시아에서 아프가니스탄과 서북인도에 이르는 대제국을 건설했다. 쿠샨왕조는 여러 민족이 섞여 살았으며, 중국과 인도와의 교통요충지에 위치했다. 이들 여러 민족의 문화와 사상이 융합하여 점차 새로운 문화가 형성되고 대승불교 또한 크게 발전했다.

그리고 그리스 문화와 헬레니즘의 영향을 받아 불교건축이나 조각 등에 새로운 양식이 표현되었으며, 이 시대에 비로소 불상이 만들어졌다. 그리스인의 용모를 가지고 그리스 복장을 한 붓다가 조각되고, 불탑도 아래가 좁아지면서 위로 치솟는 형식으로 변화되고 불탑 기단부에 불상이 조각되었다. 이른바 간다라미술의 성립이다.

불교는 그리스인들의 사상과 융합되고, 태양신 미트라(Mithra) 숭배사상, 조로아스터교(Zoroasterianism) 등과 서로 영향을 주고받으며 동서의 교역로인 실크로드를 따라 중국으로 전파되었다. 실크로드는 타클라마칸 사막을 중심으로 사막 북로와 남로로 나뉘는데 오아시스를 중심으로 발달한 국가들에 불교가 전파되었다. 그리고 서역의 승려들이 불교 경전과 문화를 가지고 점차 동쪽으로 나아가 중국에 전했다.

수(隋)·당(唐) 시대에 이르기까지 수많은 경전과 논서들이 국가의 지원을 받으며 한문으로 번역되었다. 또한 번역된 다양한 경전과 논

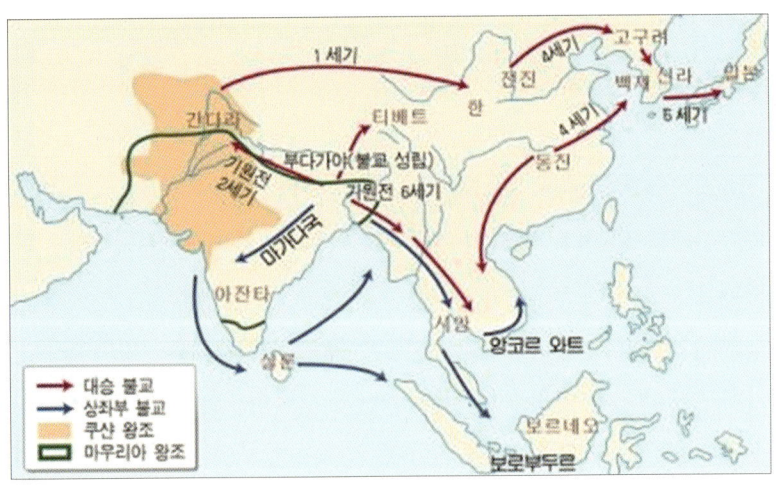

불교의 전파

서를 중심으로 중국 승려들의 활발한 연구가 이루어져 당나라에 이르면 수많은 종파가 성립하며 교학이 발달했다. 중국의 불교가 한반도로 전해지고 다시 한반도에서 일본으로 전해졌다.

2. 보살 사상

1) 보살의 출현과 전개

대승불교는 보살불교라 할 수 있다. 대승경전은 오로지 보살의 이념과 실천에 대해 말하고 있다고 할 수 있기 때문이다. 보살이란 산스끄리뜨어 보디사뜨와(bodhisattva)를 소리대로 번역한 '보리살타(菩提薩陀)'를 줄여서 부르는 말이다. 보디(bodhi)는 '깨달음'의 뜻이며 사뜨와(sattva)는 '중생'을 뜻하므로, 보살은 '깨달음을 얻은 중생', '깨달음을 추구하는 중생'이라는 뜻이다.

초기불교에서는 사문 고따마가 깨달음을 얻기 전 수행을 하고 있을 때를 보살이라고 칭했다. 새로운 불교운동을 지향하는 사람들은 보살이라는 이념과 이미지를 자기들 내부로 흡수하면서 대승보살로 정착해 갔다. 보살로서 자각을 가지고 수행을 계속한다면 누구나 붓다가 될 수 있다는 자신감을 가지도록 한 데에, 보살사상의 커다란 의의가 있다고 할 수 있다.

이처럼 보살의 의미가 다양하게 확대되어 가면서 중생들의 이익과 행복과 안락을 위해 노력하는 구원의 보살사상이 나타났다. 재가 신자들은 붓다의 자비에 의한 구원을 바랐으며, 입멸한 붓다를 대신해 자비행을 실천하는 관세음보살, 지장보살 등 많은 보살이 등장했다.

2) 보살의 원력과 자비심

보살은 다른 사람을 이롭게 하리라는 원력(願力)을 가지는데, 이는 보살이 추구하는 삶의 목표이자 원동력이라 할 수 있다. 불교 행사의 마지막에 노래하는 사홍서원은 이러한 보살의 원력을 잘 나타내고 있다.

중생을 다 건지오리다.
번뇌를 다 끊으오리다.
법문을 다 배우오리다.
불도를 다 이루오리다.

보살은 깨달음을 구하는 일이 곧 중생을 교화하는 일이요, 중생을 교화하는 일이 곧 깨달음을 구하는 일이다. 더 나아가 자신의 깨달음보다도 먼저 중생의 이익과 행복을 위해 모든 힘을 다하는 자이다. 그러므로 중생이 무한히 많아도 모두 다 건지고야 말겠다는 서원을 가장 먼저 하게 된다.

대승보살은 자비(慈悲, maitrīkaruṇā)의 마음을 가진다. 자(慈, maitrī)는 '자애(慈愛)'란 말이며, 비(悲, karuṇā)란 '연민'이라는 말이다. 자비(慈悲)란 사람들에게 이익과 안락을 가져다주고자 하는 마음이며, 사람들로부터 불이익과 고통을 제거하고자 하는 마음이다.

자비란 단지 고통을 받는 자에 대한 동정심이나 보살핌만을 뜻하는 게 아니라 그의 고통을 없애기 위해 필요한 것이라면 무엇이든 하겠다는 지속적이고 실제적인 결의이다. 그러므로 대자대비의 화신인 관세음보살은 고통을 받는 수많은 중생들을 보살필 수 있도록 천 개의 손과 천 개의 눈을 가진 모습으로 표현된다.

보살의 자비행은 중생을 자신과 둘이 아닌 하나로 봄에서 시작된다. 모든 중생을 이롭고 행복하게 하겠다는 원력을 갖기 위해서는 중생과 내가 둘이 아니라 하나라는 마음을 가져야만 한다.

3. 보살의 수행

1) 육바라밀

보살은 여섯 바라밀(波羅蜜)을 닦음으로써 궁극의 깨달음을 얻을 수 있으며, 지혜와 자비의 완성을 얻을 수 있다. 바라밀은 산스끄리뜨어 빠라미따(pāramitā)를 소리대로 번역한 것으로 'pāram(피안에)+i(이른)+tā (상태)' 또는 'pārami(최상의)+tā(상태)'를 의미하는데, '저 언덕에 이른다'는 의미로 도피안(到彼岸)이라 번역한다.

모든 보살마하살이 궁극의 깨달음을 얻고자 한다면 마땅히 육바라밀을 닦아야 한다. 왜냐하면 아난다여, 육바라밀은 보살마하살의 어머니로서 모든 보살을 낳기 때문이다. 아난다여, 만약 보살마하살이 육바라밀을 닦는다면 모두 궁극의 깨달음을 얻으리라. 이런 까닭에 나는 육바라밀을 닦기를 그대에게 당부하는 것이다. 아난다여, 육바라밀은 모든 붓다의 진리가 담겨있는 이루 다함이 없는 법의 곳간이니, 시방의 모든 붓다가 현재 설법하는 것은 모두 육바라밀이라는 법의 곳간에서 나온 것이며, 과거의 모든 붓다 또한 육바라밀을 닦음으로써 궁극의 깨달음을 얻었으며, 미래의 모든 붓다

또한 육바라밀을 닦음으로써 궁극의 깨달음을 얻게 되리라.

— 『대품반야경』

(1) 보시(布施, dāna)바라밀

자신이 가진 것을 필요한 사람에게 베풀어주는 것이다. 보시는 붓다 당시부터 재가신도의 가장 중요한 실천 덕목이다. 베푸는 것에는 재물을 나눠주고, 두려움과 근심에서 벗어나게 도와주고, 진리의 말씀을 전하는 세 가지가 있다.

출가수행자가 할 수 있는 유일한 보시는 종교적인 가르침이며, 재가신자는 승가에 의복·음식·의약품 등을 제공하면서 승가를 유지하도록 도와야 한다.

참된 보시는 주는 자와 받는 자와 주는 물건에 어떠한 집착이나 차별이 없고 청정해야 한다. 보시하면서도 보시라는 선행에 집착하지 않고 어떠한 공덕의 대가도 바라지 않는 보시가 진정한 보시바라밀이다.

(2) 지계(持戒, śīla)바라밀

계율을 지키는 것이다. 불자들이 받아 지니는 계는 다섯 가지이다. 살아있는 목숨을 죽이지 않으며, 주지 않는 남의 물건을 가지지 않으며, 삿된 음행을 하지 않으며, 거짓말을 하지 않으며, 취하게 하는 술과 마약 등을 하지 않는 것을 말한다.

대승불교에서 계는 자발적으로 지키는 마음이 중요하기 때문에, 계율에 얽매이지 않고 다른 사람을 위해 능동적이고 적극적이고 자율적으로 계를 지켜나갈 것을 강조한다.

(3) 인욕(忍辱, kṣānti)바라밀

괴로움을 받아들여 참고 용서하는 것이다. 우리는 조금만 욕된 일을 당하면 분을 참지 못하고, 조금만 어려우면 쉽게 좌절한다. 보살은 이런 경우에 모든 것은 실체가 없다는 것임을 깨달아 마음의 동요가 없어야 한다. 불교에서는 우리가 사는 세계를 사바(娑婆, Sabhā)세계라 하고 이를 감인(堪忍)세계라 번역하는데 '참고 견디며 사는 세계'라는 의미이다.

인욕은 세 가지로 나눌 수 있다. 남이 헐뜯고 욕해도 노여움과 원한을 일으키지 않으며, 어떠한 고난에도 견디어 참으며, 진리를 깨달을 때까지 유혹과 괴로움을 잘 견뎌내는 일이다.

> 분노는 분노로 사라지지 않는다. 분노는 오직 참음으로써 자비로써 극복되는 것이니, 이것이 영원한 진리이다.
> — 『담마빠다』

(4) 정진(精進, vīrya)바라밀

게으르지 않고 부지런히 수행하는 것이다. 흔들리지 않는 마음과 물러서지 않는 마음으로 깨달음을 향해 집중해 나아가야 한다.

정진은 세 가지로 나눌 수 있는데 어떠한 어려운 일에도 최선을 다하고, 한번 시작한 일은 반드시 이루고야 말며, 올바른 일은 굽히시 않고 끝까지 물러서지 않고 노력하는 것이다.

> 생겨난 것은 반드시 사라지는 것이니, 게으르지 마라. 게으르지 않음으로써 나는 깨달음에 이르렀으며 한량없는 선(善)을 낳았다.
> — 『열반경』

(5) 선정(禪定, dhyāna)바라밀

산란한 마음을 가라앉히고 고요히 사색하는 것이다. 선정은 정신을 집중해 산란한 마음을 그치는 지(止)와 삼매에 머물러 올바른 관찰을 하는 관(觀)으로 나눈다.

선정에는 세 가지가 있는데 좌선 수행을 하는 것, 선정에 의해 신통력을 얻는 것, 선정에 의해 다른 사람을 유익하게 하는 덕을 이루는 것이다.

(6) 반야(般若, prajñā)바라밀

산스끄리뜨어 쁘라즈냐(prajñā)는 'pra(뛰어난)+jñā(지혜)'를 의미하며 분별망상을 떠난 깨달음의 지혜를 말한다. 모든 것을 바르게 볼 수 있는 지혜로 모든 공덕의 근본이 된다. 말할 수 없이 청정하며, 유익한 법을 드러내며, 모든 괴로움을 제거해 주는 지혜이다.

> 마치 대지에 씨앗을 뿌리면 인연이 화합해 생장하게 되는데, 이때 땅을 의지하지 않고는 생장할 수 없을 것이다. 이같이 다섯 바라밀은 반야바라밀 속에 머물러 크게 자라남을 얻는다.
>
> — 『소품반야경』 권2

반야바라밀은 보시·지계·인욕·정진·선정 바라밀의 근본이 되며, 동시에 이 다섯 바라밀의 실천을 통해서만 얻을 수 있다. 다섯 바라밀은 모두가 반야로부터 실천되어야 하므로 반야바라밀은 다섯 바라밀의 중심이며 성립 기반이 된다.

| 제10장 |

불교의 전파와 세계화, 그리고 명상

인도를 넘어 세계로 | 서구사회에서 불교의 정착 : 불교학과 생태주의 |
불교의 대중화와 명상 | 명상과 사회변화

佛教授業

　잘 알려져 있듯이, 불교는 BCE 6세기 무렵, 고따마 붓다의 출현으로 시작되었다. 불교는 붓다의 전법이 시작되자마자 북인도 일대에서 가장 강력한 종교로 성장하는 매우 독특한 모습을 보여준다. 이는 불교의 후원 세력이 왕족들과 자산가 그룹이라는 점에서 찾아볼 수 있다.

　한편 불교는 현존하는 종교들 가운데 보편종교이자 세계종교로 분류되는 몇 안되는 종교이다. 불교가 인도라고 하는 지역을 넘어서 세계종교로 발돋움하게 된 역사적 계기는 아무래도 마우리야 왕조의 아쇼까(Asoka) 황제와 쿠샨제국의 까니슈까(Kaniṣka) 황제의 역할이 컸다고 할 수 있다. 그리고 이름을 남겼거나 남기지 못했던 수많은 구법승들의 존재도 큰 역할을 했다.

　불교는 20세기에 들어서, 유럽과 미국을 중심으로 한 서구사회에서 불교학, 생태주의, 명상을 중심으로 그 저변을 확대해 왔다. 특히 불교 명상에 대한 사람들의 관심이 점차 높아졌고, 그 결과 다양한 명상프로그램을 만들기에 이르렀다. 명상프로그램의 의학적 효과성이 입증되면서 오늘날 전세계적으로 명상에 대한 관심이 고조되고 있고, 서구사회에 불교가 일반인들에게 뿌리내리는데 큰 역할을 하고 있다.

1. 인도를 넘어 세계로

　기원 전 3세기 인도 최초의 통일 왕조 마우리야 왕조의 제3대 아쇼까(Asoka) 황제 때에는 주변국에 전법사(傳法師)를 보내 불교가 세계불교로 발돋움하는데 기여를 하게 된다. 이때 주변국으로 많은 전법사를 보내지만 가장 성공적인 전법은 스리랑카를 통해서 이루어진다. 이후 스리랑카를 중심으로 미얀마, 태국, 캄보디아 등지로 전파된 불교를 우리는 남방불교 혹은 상좌부 불교라고 부른다.

　기원 후 2세기 쿠샨제국의 제3대 까니슈까 황제 때에는 동서 교역로인 실크로드를 통해 동과 서로 불교가 전파되면서 불교는 북방 루트를 통해 널리 퍼지게 된다. 중앙아시아의 여러 제국, 그리고 티벳, 중국, 한국, 일본으로 전파된 불교를 북방불교 혹은 대승불교라고 한다. 북방불교는 주로 대상(隊商, 카라반)들을 통해 전파되거나, 국교를 맺는 방식으로 왕실에서 왕실로 전파되었다. 그래서 실제 남방불교이든 북방불교이든 불교는 전파의 과정에서 이른바 '순교'라는 참혹한 경험을 거의 하지 않게 된다. 그리고 불교는 그 특성상 지배 계층에서 피지배 계층으로 전파되는 특성을 지금까지 유지하고 있다.

　한편 아쇼까 황제 혹은 까니슈까 황제 때에 서양 문화의 중심지인 그리스문화권 혹은 로마문화권에도 불교가 선파되었지만, 결과론적으로 보면 그다지 성공적이지는 못했다. 사실 서양문화권에서 고대에 불교가 전해졌나는 흔적이 거의 없었다는 점도 이를 뒷받침한다. 그러다가 현대에 이르러 결정적인 고고학적 발견이 이루어짐으로써 불교가 로마문화권에 전해졌음을 확인할 수 있었다. 2023년 4월 27일, 이집트 홍해 해안가의 고대 도시 베레니케의 사원 유적지에서 석조 여래입상이 발견되면서, 당시 로마제국에 불교가 전파되었음을 확인시켜 주었다.

2. 서구사회에서 불교의 정착 : 불교학과 생태주의

불교는 주로 동남아시아와 동아시아를 중심으로 발전되어 오다가, 17세기 이후 전개된 서구열강의 제국시대가 막을 열면서 서양에 부분적으로 알려지기 시작했다. 서양에서 불교는 초창기에는 학문의 대상으로서 받아들여졌다. 신앙, 즉 종교로서 받아들여지지 않았던 것이다. 쇼펜하우어(Arthur Schopenhauer, 1788~1860), 니체(Friedrich Wilhelm Nietzsche, 1844~1900), 바그너(Wilhelm Richard Wagner, 1813~1883) 등이 대표적인데, 에리히 프롬(Erich Fromm, 1900~1980)과 같이 스즈키 다이세츠(鈴木大拙, 1870~1966)와 관련된 인사들도 대부분 철학자이나 심리학자들이었다. 그리고 불교 문헌학을 중심으로 서양에서 오늘날 우리가 공부하고 있는 불교학이 정립된다. 이렇게 서양에서 불교는 불교학을 중심으로 전개되었다. 대표적인 불교학자로는 예수회 선교사로 1716년에 라사로 여행한 이폴리토 데시데리(Ippolito Desideri, 1684~1733), PTS(Pali Text Society)의 창립자인 리스 데이비스(T.W. Rhys Davis, 1843~1922), 프랑스인 외젠 뷔르누프(Eugène Burnouf, 1801~1852), 독일의 헤르만 올덴베르크(Herman Oldenberg, 1854~1920), 미국의 헨리 클라크 워런(Henry Clark Warren, 1854~1899) 등 많은 이들이 활동했다.

불교의 대중화는 아무래도 문화, 예술 부분에서 활동한 이들 덕분일 것이다. 특히 영국의 시인 에드윈 아널드 경(Sir Edwin Arnod, 1832~1904), 독일인 소설가 헤르만 헤세(Herman Hess, 1877~1962), 미국 비트 제너레이션을 대표하는 작가 잭 케루악(Jack Kerouac, 1922~1969) 등의 역할이 컸다. 비교적 최근에는 베르나르도 베르톨루치 감독·키아누 리브스 주연의 영화 〈리틀 붓다〉(1994), 그리고 마틴 스코세이지의 〈쿤둔〉(1997), 장자크 아노의 〈티벳에서의 7년〉(1997) 등이 서구사회에 불교를 대중에게 알리는데 크게 기여한 작품들이다.

한편 불교가 서양세계에 알려지게 된 또 다른 루트가 있다. 그것은 바로 생태주의(Ecologism)이다. 1970년대 이후 서구 사회에서는 생태에 대한 관심이 고조되기 시작했다. 본격적인 생태주의 운동이 일어난 것도 이즈음이다. 화이트(Lynn White)는 「The Historical Roots of Our Ecologic Crisis」(1967)라는 논문에서 생태 문제를 야기한 핵심 키워드 중 하나인 기술중심주의(technocentrism)의 뿌리를 유대-기독교에서 찾는다. 이보다 조금 앞서 생태계의 파괴가 인간의 생존과 생활세계의 파괴로 이어진다는 것을 경고한 카슨(Rachel Carson)의 기념비적 작품 『침묵의 봄』(1962)이 출간되었는데, 이 책을 기점으로 환경운동이 크게 확산되었다. 이러한 상황에서 생태주의 운동가들에게 불교라는 종교는 매우 매력적으로 다가왔다. 대표적인 인물이 게리 스나이더(Gary Snyder, 1930~)이다. 그의 생태운동은 현대 문명의 반자연적·반생태적 양상에 커다란 경각심을 불러일으켰다. 그리고 또 언급할 수 있는 사람이 조애나 메이시(Joanna Macy)와 몰리 영 브라운(Molly Young Brown)이다. 특히 조애나 메이시는 시스템이론(systems theory)과 불교의 가르침을 결합해 새로운 통찰을 얻고 자연스레 심층생태주의(Deep Ecology)의 영향을 받으면서 생명지속사회운동을 펼치고 있다. 물론 서구의 생태주의운동이 불교의 영향 때문에 생겨난 것이라고 할 수는 없지만, 많은 생태주의자가 불교를 비롯한 다양한 동양의 철학과 종교, 다른 신비주의 전통 등에 영향을 받았다는 것

에코다르마(ecodharma)는 사회 변혁을 위해 불교의 가르침, 생태학, 그리고 행동주의를 통합하여, 현재 인류가 직면한 생태학적, 사회적 위기를 극복하는 실천적인 활동을 하고 있다. 출처: https://ecodharma.com

은 잘 알려져 있다.

인간과 자연을 연기적 관점에서 보는 불교의 가르침은 오늘날 생태주의에서 주장하는 것과 너무나도 잘 매칭이 되는 것은 틀림없는 사실이다. 이러한 것도 불교가 서구사회에서 대중적으로 알려지게 된 중요한 계기라고 할 수 있다.

3. 불교의 대중화와 명상

서구 사회에서 불교가 대중화되는 데 결정적인 역할을 한 것은 무엇보다 '명상(meditation)'이라고 할 수 있다. 명상은 19세기부터 본격적으로 서구 사회에 전해지게 된다. 명상은 주로 인도의 종교 전통인 힌두교에 기반한 초월명상이나 남방 상좌부 불교의 위빠사나, 그리고 대승불교 특히 일본의 선불교가 널리 알려졌다.

일례로 독일 태생의 미국 사회심리학자이자 철학자로 유명한 에리히 프롬은 스즈키 다이세츠의 가르침을 받으면서 꾸준히 참선을 하여 커다란 인격적 변화를 겪었다고 한다. 특히 그는 스즈키 다이세츠와 공저로 『선과 정신분석』(1960)을 출판했는데, 이는 서양 사회에 가장 커다란 영향을 미친 책이란 평가를 받는다. 그리고 그는 냐냐포니카 마하테라(Nyanaponika Mahathera, 1901~1994)에게 위빠사나를 배웠고 이를 현실에서 매우 적극적으로 활용했다.

한편 선불교가 미국에서 대중적인 인기를 끌게 된 것은 바로 스즈키 다이세츠의 활약 덕분이다. 1950년대에 이르러 스즈키 다이세츠의 선(禪)은 앨런 와츠(Alan Watts, 1915~1973), 칼 융(Carl Jung, 1875~1961), 존 케이지(John Cage, 1912~1992) 등의 지지를 받으며 미국인들의 관심을 끌었다. 앨런 와츠의 경우는 『동양과 서양의 심리치료』(1961)란 책을 출판했는데, 서양의 지식인들에게 이 책이 끼친 영향은 매우 크다. 당시 1960년대에는 이러한 분야에 대한 관심이 매우 높았지만, 관련 전문 서적의 출판은 매우 제한적이었다. 그러다가 1980년대 들어서면서 불교와 심리학과 관련된 매우 다양한 연구가 이루어지고 관련된 책들이 발간되기에 이른다.

스즈키의 선사상은 미국 내 비트 제너레이션과 1960년대 히피 문화에 영향을 주었다. 비트세대와 히피 문화에 깊이 빠져있던 젊은이들은 미국 내 신비주의 전통의 한 흐름을 형성하고 있었고, 보헤미안적 정서를 가지고 있었다. 앞서 언급했던 잭 케루악(Jack Kerouac, 1922~1969), 게리 스나이더를 비롯해 앨런 긴즈버그(Allen Ginsberg, 1926~1997) 등이 중심 멤버였는데, 이들에게 스즈키의 선사상은 깊은 영향을 주었다. 이들이 선에 매료된 것은 단순한 신비적 체험이 아니라, 일체의 도그마(dogma)로부터 자유로움을 추구하는 선사상의 특징 때문이었다.

이후 불교는 서구 사회에서 명상이란 큰 주제를 중심으로 저변을 확대해 나가게 된다. 1972년 메사추세츠 대학 스트레스 클리닉에 근무하던 존 카밧진(Jon Kabat Zinn)은 위빠사나 명상의 핵심 수행법인 사띠(sati)를 기반으로 한 MBSR(Mindfulness-Based Stress Reduction) 프로그램을 개발했다. 이 프로그램이 스트레스뿐만 아니라 우울, 불안, 분노 등에 탁월한 효과가 의학적으로 입증되면서 사띠 수행을 기반으로 하는 많은 프로그램들이 나오게 된다. 이러한 프로그램의 개발과 더불어 불교 명상에 대한 과학적, 심리학적 연구뿐만 아니라 다른 학문과의 융합 연구들이 진행되면서 명상이 서구사회의 일반 시민들에게 퍼질 수 있는 탄탄한 토대를 만들게 되었다. 이들 프로그램들은 실제 병원의 클리닉센터나 심리상담센터를 중심으로 일반인들에게 적용되었고, 이를 경험한 많은 사람이 불교에 관심을 갖게 된 것은 자연스러운 흐름이었다.

명상이 일반인들에게 널리 알려지게 되면서 신비주의적 관점에서 바라보던 시각들도 합리적이고 실용적인 관점으로 변화되었다. 그래서 명상을 단순히 테크닉 차원으로 접근하거나 회의적이고 부정적으로 바라보던 선입견이 극복되면서 자연스럽게 그 배경에 놓인 불교라는 전통적인 지적 체계에 대해서 관심을 갖게 된 것이다.

그래서 오늘날 서양에서 불교는 주로 심리적 문제를 해결하는 심리학적, 치유적 관점에서 받아들여지는 경향이 강하다. 그리고 과학적 정신이 강조되는 현대 사회의 사조와 불교가 매우 잘 맞는다는 점도 저변 확산의 주요한 원인으로 언급된다. 적어도 서구 사회에서 불교는 다른 종교와는 달리 반드시 종교일 필요가 없는 성격, 말하자면 매우 합리적인 지적 체계이면서 과학적 성격을 갖는다는 것으로 받아들여지고 있다고 말할 수 있다.

  이것은 불교의 분석적이며, 자기 성찰적인 특성에 기인한다. 이러한 특성은 『담마빠다』에 잘 나타나 있다.

> 모든 것은 마음에 근거하고, 마음을 주인으로 하며, 마음에 의해서 만들어진다. 만약 더러워진 마음으로 말하거나 행동하면, 고통은 그 사람을 따른다. 수레를 끄는 소의 발자국에 수레바퀴가 따라가듯이.
> 모든 것은 마음에 근거하고, 마음을 주인으로 하며, 마음에 의해서 만들어진다. 만약 깨끗한 마음으로 말하거나 행동하면, 복락은 그 사람을 따른다. 그림자가 그 몸에서 떠나지 않듯이.
> 그리고 또 하나, 전쟁에서 백만의 대군을 이기는 것보다, 단 하나의 자신을 이기는 자, 그가 전쟁에서 최고의 승리자이다.
>
>   — 『담마빠다』

  이는 매우 간략하지만 자신을 통찰하게 하는 내용이다. 인간의 마음을 깊이 응시하고 있는 이러한 불교의 가르침은 어떤 절대자를 필요로 하지 않는다. 다만 인간의 마음을 깊이 응시하고 탐구하는 과정에서 얻어진 통찰의 결과이다. 이러한 불교의 지적이고 합리적인 특성이 서구인들에게 어렵지 않게 심리학의 관점에서 자연스럽게 받아들여진 것이다.

  한편 1987년부터 2년마다 달라이라마는 생물학, 인지과학, 신경과학, 심리학 및 철학 등에서 활약하는 세계적인 석학들과 '마음과 생명' 컨퍼런스를 정기적으로 열고 토론을 벌였다. 이것은 지식인들뿐만 아니라 과학과 철학에 관심을 갖는 일반인들에게 매우 강렬한 인상을 남겼다. 그리고 불교를 단순한 호기심의 대상에서 탐구의 대상으로 확장하게 한 계기로 작용하였다.

그 외에도 서구사회에 불교가 뿌리를 내리는데 커다란 기여를 한 수행자들이 있다. 대표적으로 베트남 출신의 틱낫한 스님, 한국의 숭산 스님, 태국의 아잔차 스님, 미얀마 출신의 인도인 S. N. 고엔카, 미얀마의 마하시 사야도 등을 들 수 있다.

4. 명상과 사회변화

이러한 선각자들의 노력에 힘입어 오늘날 미국과 유럽의 불교는 꾸준히 그 저변을 확장해 나가고 있다. 이는 명백하게 심리학과 결합한 명상, 그리고 과학과 결합한 불교의 지적 체계를 중심으로 한다. 그렇다면 오늘날 미국에서 얼마나 많은 사람들이 명상을 하고 있을까. 사실 명상은 이미 산업화의 길에 접어들었다는 평가가 있을 만큼 경제적 효과가 크다. 미국과 유럽에서 명상을 하는 사람들은 우리가 생각하는 것보다 훨씬 많다.

미국 시사주간지 〈타임(Time)〉은 2003년과 2014년에 지그시 눈을 감고 편안한 얼굴로 명상에 잠겨 있는 금발의 날씬한 젊은 여성의 모습을 표지사진으로 내걸었다. 여성의 표정도 밝고 긍정적이다. 시사 잡지에서 두 번씩 커버스토리로 다룬 것을 보면 명상은 이미 서양에서 대중화에 접어들어 젊은 세대로 확산되고 있음을 알 수 있다. 2003년의 기사 제목은 〈명상의 과학(The Science of Meditation)〉이다. 제목만으로도 1960년대에 베이비부머에 의해 열렬히 수용되고 신봉되었던 선불교의 명상이 사회 저변으로 확대되었으며, 2000년대에 접어들어 과학적으로 그 효능이 입증되고 있음을 의미하는 듯하다. 선불교를 통해 영적 갈증을 해소하고자 했던 베이비붐 세대는 제2차 세계대전 후 기독교에 대한 실망, 냉전의 공포, 전후 사회질서의 붕괴라는 혼란 속에서 선불교 명상을 대안문화, 대안종교 그리고 구원의 메시지로서 수용했지만, 이제는 세대 교체가 이루어져 종교보다는 과학을 신봉하는 밀레니엄 세대가 명상 운동의 주체로 부상하고 있다는 사실도 짐작해 볼 수 있다.

2014년의 커버스토리 〈마음챙김 혁명(Mindful Revolution)〉에는 '스트레스로 지친 멀티태스킹 문화에서 집중을 찾는 과학'이라는 부제가 달려 있다. 제목을 보면 명상의 트렌드가 마음챙김 수행으로 바뀌었으며 마음챙김이 이제는 하나의 혁명이 되고 있음을 알 수 있다. 또한 마음챙김은 멀티태스킹과 과열 경쟁의 스트레스에 시달리는 현대인에게 집중력을 향상시키는 도구로서 과학적으로도 입증된 방식이라는 것을 말하고 있다. 여기에서 마음챙김은 사띠(sati)를 번역한

'mindfulness'의 한국어 번역이다.

  2018년 미국 질병통제예방센터가 발표한 보고서에 따르면 지난 5년간(2012~2017) 미국인에게 가장 인기 있던 요가, 명상, 카이로프랙틱 등의 대체 의료법 가운데 명상의 인기가 가파르게 상승하였다고 한다. 이 통계에 의하면 명상 인구는 2012년 4.1%에서 2017년 14.2%로 3배 넘게 증가하였지만, 요가와 카이로프랙틱은 소폭 상승에 그쳐 10% 내외였다. 현재의 추세를 감안할 때 명상의 상승세는 자명하다. 특히 코로나19를 겪으면서 명상 인구는 더욱 증가했다. 이를 반증하는 통계로 '데이터 브리지 마켓 리서치' 자료에 따르면 2020년 20억 달러(2조6570억원)였던 글로벌 명상 앱 시장이 연평균 10.4%씩 성장해 2027년엔 90억 달러(11조9569억원)에 이를 것으로 전망하고 있다.

  서양인들은 왜 명상에 열광할까? 존 카밧진 등이 자문위원으로 활동하는 미국의 마인드풀 커뮤니케이션스(Mindful Communications)라는 마음챙김 공익기업은 기업체를 위한 명상 보급에 앞장서며 『마음챙김(Mindful)』이라는 잡지도 발간하고 있다. 그들은 공식 웹사이트에 마음챙김 명상의 이점을 다음과 같이 나열하고 있다.

  첫째, 명상은 급성 및 만성 스트레스 대처에 도움이 된다. 연구에 의하면 마음챙김 호흡법은 스트레스에 대응하는 뇌의 영역인 편도체를 진정시키는 효과가 있다.

  둘째, 규칙적인 마음챙김 훈련은 집중력을 향상시킨다. 멀티태스킹 할 때 집중력이 고갈될 수 있지만, 명상을 계속하면 하루에 10분 정도의 호흡 수련만으로도 주의(attention)의 '근육'을 구축함으로써 집중력과 산만함에 대한 알아차림을 향상할 수 있다.

셋째, 명상은 자신과 타인에 대한 자비심을 높여준다. 연구에 따르면 자비명상은 고통에 대한 우리의 반응을 변화시켜 이타적인 행동을 증가시킬 수 있다.

넷째, 마음챙김은 편견을 감소시킨다. 우리의 뇌는 부정적인 것에 집중하는 경향이 있는데 마음챙김은 무의식적인 부정적 편견을 알아차리고 빠져나오는 데 도움이 된다.

다섯째, 마음챙김은 정신건강을 향상시킨다. 마음챙김에 기반한 인지치료는 성찰과 사유를 통해 불안과 우울증을 완화할 수 있다.

이것을 보면 서양에서 유행하고 있는 명상의 성격을 가늠해볼 수 있다. 즉 마음챙김 명상은 불교 수행법인 사띠 수행을 근간으로 하면서도 불교적인 색채를 많이 덜어내고 스트레스 완화, 집중력 향상, 심리적 안정감, 정신건강 향상 등을 위한 세속적인 자기계발법으로서 대중에게 수용되고 있는 것이다.

현재 마음챙김 명상은 세계적으로 800여 개의 의료기관에서 보완의학으로 활용되고 있으며, 심리상담 분야에서도 광범위하게 활용되고 있다. 미국 법조계에서는 1980년대 말부터 로스쿨뿐 아니라 로펌과 변호사 단체에서도 업무상 스트레스와 우울증에 시달리는 법조인을 위한 업무능력 제고, 의뢰인에 대한 서비스 개선을 목적으로 이용되고 있다. 그런가 하면 군대, 소방서, 경찰, 콜센터 등 감정노동 직무에서도 많이 도입되는 추세다. 이 외에도 마음챙김 명상은 구글, 애플, 페이스북, 트위터, 페이팔, 링크드인, 이베이, 나이키 등 수많은 글로벌 기업도 도입하여 기업문화로 확산되고 있다. 한국의 경우도 삼성, LG, SK 등 대기업들이 대부분 명상 프로그램을 직원들에게 제공하고 있다.

이처럼 오늘날 불교가 세계화되는 과정에서 가장 큰 역할을 하는 분야는 '명상'이라고 할 수 있다. 물론 명상만이 전부는 아니다. 서구 사회에서 불교는 지적 체계로서 불교학, 그리고 심리학이나 의학과 관련한 명상의 영역을 넘어, 생활불교로 확장되어 가고 있다. 단순히 합리적이고 실용적인 측면에서 받아들여지는 불교는 진정한 의미의 불교라고 하기에는 미흡하다. 윌리엄 제임스의 말을 굳이 빌리지 않더라도 종교의 본질은 전격적인 인격의 변화에서 찾아진다. 이는 신앙으로서 불교가 생활 속에 들어올 때 가능한 일이다. 서구 사회에서 불교는 이미 종교로서 많은 이들에게 받아들여지고 있는 경향이 뚜렷하다.

| 제11장 |

불교와 현대사회

| 생태 | 인권 | 경제 | 사회복지 |
4차산업혁명과 AI | 문화

1. 생태

비닐하우스 안은 따뜻하다. 비닐이 햇빛을 받아들여 실내 온도를 높이고 바깥 냉기를 차단하기 때문이다. 지구도 비닐하우스와 같이 온도를 조정하는데, 지구는 비닐이 아닌 이산화탄소(CO_2), 메탄가스(CH_4), 프레온가스(CFC)와 같은 온실가스로 둘러싸여 있다. 햇빛이 온실가스층을 통과하여 지구 표면을 데우고, 데워진 지구 표면에서 일부는 다시 온실가스층 밖으로 내보내는 과정에서 적정한 지구의 온도를 유지한다. 비닐하우스는 환기창을 여닫아 실내 온도를 조절할 수 있지만 지구는 환기창이 없다. 우리가 온실가스를 많이 배출하여 온실가스층이 두터워졌고, 데워진 공기가 온실가스층 밖으로 나가지 못해 지구가 뜨거워지고 있다. 이를 지구온난화라고 부른다.

2018년 유엔 산하 '기후변화에 관한 정부간 협의체(IPCC)'는 지구 평균기온이 산업화 이전에 비해 약 1℃ 상승했다는 보고서를 발표했다. 그리고 기온이 1.5℃ 이상 올라가면 우리 노력으로 더이상 억제할 수 없게 되어 생태계가 회복 불능의 위기를 맞이하고 인간의 생명도 위험에 빠진다고 한다. 과학자들은 지구온난화가 현재 속도로 진행된다면 2030년에서 2052년 사이에 기온이 1.5℃ 상승할 가능성이 높다고 전망한다.

온난화의 가장 큰 위기는 생물의 다양성 감소이다. 생물의 다양성이란 다양한 생물들이 서로서로 먹이사슬을 만들어 살아가고 있는 것을 말한다. 식물의 종류가 많아지면 그것을 먹는 동물이 다양해지고 다양성이 높을수록 생태계가 안정되어 균형을 유지하는데 유리하다. 생물의 다양성이 감소하면 생태계의 균형이 깨져 물질이나 에너지 흐름에 이상이 생긴다. 그리하여 이제는 '기후변화', '온난화'에서 나아가 인류에게 엄청난 고통을 가져올 '기후 위기'라 부르고 있다.

1) 불교에서 본 생태

환경(環境, environment)이란 '인간을 둘러싸고 있는 것'을 의미한다. 오늘날에는 인간을 중심으로 하는 환경이란 말 대신에 생태(生態, ecology)라는 말을 많이 사용한다. 생태란 '생물이 태어나 살아가는 모습'을 말한다. 이 세상은 인간만이 살아가는 곳이 아니고, 모든 생물이 자연과 더불어 살아가는 곳임을 깨달아야 한다는 것이다.

생태에 해당하는 말을 불교에서 찾는다면 세간(世間, loka)이라는 단어이다. 로까(loka)란 어원이 √luj로 '깨지다, 부서지다'라는 의미이다. 무너지고 부서지기 때문에 정해진 실체가 없는 것이며, 각각의 상황과 여건에 따라 서로 맞추어 변해가는 것을 말한다. 불교에서는 세간을 오음세간(五陰世間), 중생세간(衆生世間), 기세간(器世間) 또는 국토세간(國土世間)의 셋으로 나누어 설명한다.

오음세간이란 개인의 마음과 마음이 서로 영향을 주고받는 세계이며, 개인을 중심으로 하는 좁은 의미의 생활환경을 말한다. 중생세간이란 하늘·인간·아수라·아귀·축생·지옥에 있는 모든 중생을 말한다. 불교는 인간뿐 아니라 동물, 나아가 눈에 보이지 않는 생명체까지를 포함하여 중생이라 한다. 중생을 유정(有情)이라고도 말하는데 '감정을 가진 존재'라는 의미이다. 기세간 또는 국토세간이란 중생들이 살아가는 하늘과 땅, 강과 바다 등 자연·물질의 세계, 즉 우리를 둘러싸고 있는 자연환경을 말한다.

세간은 인간과 중생과 자연환경이라는 세 구성요소가 상호 작용하여 유지된다. 인간은 다른 인간이 없으면 살 수 없을 뿐만 아니라 다른 동식물이나 공기·땅·햇빛·물 등이 없으면 존재할 수 없다.

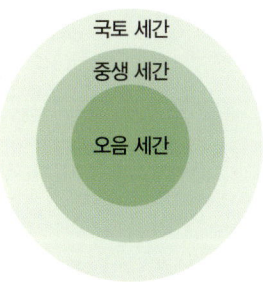

2) 생태 위기의 원인

오늘날 우리는 지구촌 생태 위기를 몸으로 경험하고 있다. 강력한 태풍, 살인적인 폭염, 쏟아붓는 폭우, 세계적인 전염병과 같은 엄청난 재해를 겪고 있다. 이러한 생태 위기를 불러온 것은 바로 인간에게 사악하고 해로운 마음이 생겨났기 때문이고, 인간이 가진 끝없는 탐욕 때문이다. 모든 것은 원인이 있으므로 결과가 있고, 서로 의지하고 관계를 맺고 있다는 것을 모르는 무지 때문이다.

중생들이 나쁜 업을 짓기 때문에 재앙이 내리고 나쁜 초목이 자라며, 이를 먹은 중생이 나쁜 마음을 일으켜 나쁜 행위를 하게 된다. 그리하여 고통스럽고 어지러운 세상이 된다.

중생들의 악업이 무거운 까닭에 … 때아닌 바람이 일어나며, 때아닌 폭우가 거침없이 퍼붓고, 여러 가지 해독(害毒)과 고통·서리·우박이 쏟아지는 재앙이 내리며, 땅에는 나쁜 초목들이 자란다. 가지와 잎사귀, 꽃과 열매, 모든 곡식의 갖가지 맛은 중생들이 먹고서 몸을 기르는 도구인데, 때에 맞추어 잘 자라지 못해서 중생들이 먹으면 모두 추악한 마음, 죽이고 해치려는 마음, 서로 속이려는 마음을 일으켜 서로 시비하여 공경하지 않고, 두려워하는 마음, 서로 미워하고 질투하는 마음, 서로 해치려는 마음을 일으켜 피를 마시고 살을 먹으며 가죽으로 옷을 만들어 입고, 무기를 가지고 죽이고 잔인하게 해치는 것을 좋아하며, 잘생긴 것과 자기 종족의 부귀가 계산할 수 없음을 과시하고, 말 타고 활 쏘며 다른 무리와 싸우고, 질투하고 오만하여 이같이 갖가지 비루하고 천박한 일을 부지런히 닦으니, 이것이 괴롭고 어지러운 세상이다.

― 『대승비분타리경(大乘悲分陀利經)』

인간들의 탐욕으로 저지른 행위 때문에 기상이변이 일어나고, 오염된 음식을 먹어 인간은 몸과 마음이 병들어 나쁜 짓을 한다는 것이다. 소유와 지배를 통한 풍요를 누리려는 인간의 탐욕은 자원을 고갈시키고 생태계를 파괴함으로써 결국 자신을 파괴하는 것이다.

붓다는 "탐욕이란 어디를 가도 만족할 줄 모르는 것이오, 탐욕은 고통으로 가득 차 있어 우리를 절망의 구렁으로 떨어뜨리고 무서운 재앙을 불러 들인다."고 했다.

오늘날 생태 위기는 인간이 동물을 비롯한 중생들, 그리고 자연과 서로 뗄 수 없는 관계라는 것을 깨닫지 못하고 동식물을 파괴하고 자연을 훼손했기 때문이다.

3) 생태 위기 극복을 위한 불교의 가르침

생태 위기를 극복하기 위한 붓다의 가르침은 무엇일까? 앞서 배운 연기론을 진리로 받아들여야 한다. 원인과 조건에 의해 어떤 결과가 나타나며 그 결과는 다시 그것을 발생시킨 원인과 조건에 직접 또는 간접으로 영향을 미친다. 이를 상호 인과관계라 할 수 있다. 그리고 불교는 모든 존재는 서로 의존하고 관계를 유지할 때 존재할 수 있으며, 서로 의존할 수 없고 관계를 유지할 수 없을 때 존재는 사라진다고 말한다.

불교는 나에게 내가 가장 소중하듯 너에게 너는 가장 소중하다며, 모든 존재는 각기 존재할 가치와 의미를 가진다고 말한다.

> 모두가 폭력을 두려워하고
> 죽음을 무서워한다
> 이 이치를 자신에 견주어
> 죽이거나 남을 시켜 죽이지 말라
>
> - 『담마빠다』

내가 살기를 바라고 폭력을 두려워하듯 모든 생명체도 살기를 바라고 폭력을 두려워하므로, 죽이거나 폭력을 사용하지 말라고 했다. 산목숨을 죽이지 않는 것에 그치지 않고 잡히어 죽을 산목숨을 놓아주는 것이 바로 방생(放生)이다. 불교의 자비심은 사람뿐만 아니라 모든 중생에게도 베풀어야 하며, 흙·물·불·바람과 같은 무생물에게까지 베풀어야 한다. 왜냐하면 모든 것은 서로 뗄 수 없는 관계를 맺고 있기 때문이다.

불교는 죽으면 하늘나라, 그리고 인간·아수라·축생·아귀·지옥을 오가며 다시 태어난다는 윤회(輪廻)를 말한다. 그렇기에 윤회를 믿는다면 지구는 훗날 내가 다시 태어나서 살아가야 할 곳이다.

> 내가 시방의 모든 국토를 관찰하니 모두가 옛날 내 몸이 사용했던 땅이며, 사방의 바닷물은 내가 쓰던 물이며, 모든 겁화(劫火)는 내가 쓰던 불이며, 모든 바람은 내가 썼던 기(氣)였다.
>
> ―『범망경(梵網經)』

내 주변을 살펴보니 모두 옛날 내가 사용하고 쓰던 자연환경이라는 것이다. 오늘날 우리가 자연환경을 파괴하고 살다 죽으면 끝나는 것이 아니다. 다음 생에 우리가 다시 태어나 자연환경을 파괴한 탓에 괴로움을 겪어야 한다.

4) 다 함께 생태 위기를 극복해야

우리가 가장 먼저 해야 할 일은 오늘날 우리가 지구를 남용한 탓에 심각한 생태 위기를 맞이하고 있다는 사실을 깨닫는 일이다. 인간은 발전과 성장을 위해 자연을 도구화했다. 신이 인간을 위해 모든 것을 창조했다는 이론을 내세워 인간은 동물을 죽이고 자연을 훼손하면서 어떠한 죄책감도 없었다. 그리고 동물이나 식물 나아가 무생물까지 생명이나 영혼을 가지고 있다는 정령(精靈)신앙(animism)을 미개한 믿음으로 여겼다. 인간 중심의 그릇된 생각이 악업을 짓도록 했고 그 결과 인간이 고통받는 세상이 되었다.

하늘에서 바라본 지구는 바다와 대륙이 서로 이어져 있고, 회전하는 원형체이다. 중국에서 발생한 미세먼지가 우리나라까지 날아오고, 후쿠시마 원전 오염수가 태평양을 돌아 미국 서부에 이른다. 환경오염은 한 나라만의 문제가 아니라 지구 전체의 문제이다. 이것이 생태 위기 극복에 지구촌 인류가 모두 참여해야 하는 이유이다.

2. 인권

인간은 태어나면서부터 평등하다. 이를 모르는 사람은 없다. 그런데 왜 우리는 아직도 인권을 이야기하는 걸까? 1948년 유엔이 발표한 세계인권선언 제1조는 '모든 인간은 태어날 때부터 자유로우며 그 존엄과 권리에 있어 동등하다.'이다. 선진국에 들어선 우리나라가 "이제 대한민국은 차별이 없는 세상이다."고 말할 수 있을까?

유럽연합과 미국 그리고 영미권 국가인 캐나다, 호주, 뉴질랜드 등 대부분의 나라들은 차별금지법이 있다. 차별금지법은 정치적 견해, 성별, 인종 및 민족, 나이, 종교, 출신 국가 및 지역, 신체, 사회적 신분, 성적 지향, 성별 정체성, 신체조건, 정신적이나 신체적 장애 여부 등에 상관없이 평등해야 하며, 인간다운 삶을 살 수 있도록 보장받아야 한다는 내용이다. 우리나라는 2007년 국회에서 처음 발의한 이래 지금까지 법안이 통과되지 못하고 있다. 차별을 금지하자는 법인데도 말이다. 대한민국 국민의 대다수가 찬성하고 있지만 특정 종교인 일부가 자기 종교 교리에 어긋난다는 이유로 반대하고 있기 때문이다.

차별을 금지하자는 법을 반대하면서 평등을 말할 수 없고 인권을 말할 수 없다. 종교가 달라도 피부색이 달라도 여성이라도 장애인이라도 비정규직이라도 동성애자라도 인간으로서 마땅히 누려야 할 기본적인 권리를 누려야 차별이 없는 세상이라 할 수 있지 않을까?

1) 상대를 이해하기

자신이 경험하지 못한 일을 이해하기란 쉽지 않다. 오래전 모 방송국에서 오랜 시간 회의를 하는데 휠체어를 탄 위원이 탁자 위에 놓인 물을 마시지 않았다. "목이 마르지 않느냐?"고 물으니 "이 건물에 장애인 화장실이 없어서 물을 마실 수 없다."고 했다. 목이 말라도 물을 먹지 못하는 이유가 화장실 때문이라는 것이다. 역지사지(易地思之)란 말이 있다. '처지를 바꿔 생각해 보라'라는 말이다. 인권이란 거창한 것이 아니라 상대의 처지를 이해하는 일이다.

붓다는 자신이 두려워하고 무서워하는 일을 상대에게 하지 말아야 한다고 했다.

> 자신의 행복을 바라면서
> 행복을 바라는 다른 생명을
> 폭력으로 해치는 자는
> 죽은 뒤에 행복을 얻지 못한다
> —『담마빠다』

> 살아있는 생명이면
> 약하거나 강하거나

길거나 크거나

중간이거나 짧거나

가늘거나 두껍거나

보이거나 보이지 않거나

가까이 있거나 멀리 있거나

태어났거나 태어날 것이나

이 세상 모든 존재가 행복하기를

— 『숫따니빠따』 「자애경」

붓다는 자신은 행복하기를 바라면서 다른 생명을 폭력으로 해쳐서는 안 된다고 했다. 그리고 이 세상의 모든 존재가 행복하기를 바라며 한량없는 자애의 마음을 닦아야 한다고 말했다. 하물며 인간에 대해서는 더 말할 필요가 없다.

붓다가 이 땅에 있을 때 인도인들은 태어나면서부터 신분이 정해지고 이를 신의 뜻이나 운명처럼 여기며 살아가야 했다. 이러한 신분제도를 우리는 카스트라고 부르며 오늘날에도 여전히 남아있다. 그런데 2,500여 년 전에 붓다는 태생에 따른 계급 차별을 인정하지 않았다.

날 때부터 천한 사람이 아니고

날 때부터 바라문이 아니다

행위에 따라 천한 사람이 되고

행위에 따라 바라문이 된다

— 『숫따니빠따』 「천한 사람경」

붓다는 태어나면서부터 계급이 결정되는 것이 아니라 행위에 따라 결정된다고 했다. 그리하여 자신의 가르침을 따르고자 출가하는 자들에게는 신분이나 성별을 묻지 않았다. 머리를 깎거나 똥을 치우는 불가촉천민도 출가를 허락했다.

2) 양성평등

붓다 당시 인도 여성은 사회와 가정에서 인권이라고는 찾아볼 수 없는 괴로운 삶을 살았다. 여성은 부정하다고 인식되었으며, 결혼할 때 지참금을 내야 하며, 남편이 죽으면 따라 죽어야 했다.
꼬살라(Kosala)의 빠세나디(Pasenadi)왕이 말리까(Mallikā) 왕비가 딸을 낳았다는 소식을 듣고 안색이 나빠지는 것을 본 붓다는 딸이 아들보다 더 나은 자식이 될 수 있다고 말했다.

> 사람들의 왕이여, 어떤 여인은 남자보다 훨씬 뛰어나다. 그녀는 현명하고 계를 잘 지키며 시부모를 공경하고 지아비를 섬긴다. 그녀가 낳은 아들이 영웅이 되고 사방의 주인이 된다. 그런 훌륭한 여인의 아들이 왕국을 제대로 통치할 것이다.
>
> － 『쌍윳따 니까야』 「딸경」

붓다는 당시 여성이 차별받던 인도사회에서 여성이 남성보다 뛰어날 수 있다는 점을 강조함으로써 긍정적인 여성관을 말하고 있다. 뛰어난 능력은 개인에 따라 다를 뿐이지 여성이라는 성별에 의한 것이 아니라는 것이다. 이런 현실에서 붓다는 깨달음을 얻는 데에는 남녀의 차별은 있을 수 없다고 말했다.

> "세존이시여, 여성도 집을 나와 여래가 선포한 법과 율 안으로 출가하면 예류과나 일래과나 불환과나 아라한과를 얻을 수 있습니까?"
> "아난다여, 여성도 집을 나와 여래가 선포한 법과 율 안으로 출가하면 예류과나 일래과나 불환과나 아라한과를 얻을 수 있다."
> — 『앙굿따라 니까야』「고따미경」

붓다는 시대적 상황에 따른 몇 가지 조건을 달아 여성의 출가를 허락했다. 오늘날에도 여성 성직자를 인정하는 종교는 매우 드문데, 이미 2,500여 년 전에 붓다는 여성 성직자를 인정한 것이다. 진리는 모든 인간에게 적용되므로 남녀는 물론 신분에 상관없이 붓다가 말한 대로 수행한다면 깨달음을 얻을 수 있다고 했다.

3) 경전 속의 인권

불교에서 인권을 가장 잘 나타낸 경전으로는 『싱갈라교계경(Siṅgālovāda Sutta)』이 있다. 이 경전에서 붓다는 남편과 아내, 스승과 제자, 주인과 고용인, 부모와 자녀, 성직자와 신자, 친구의 관계를 설명했다.

남편과 아내의 관계에서 남편은 아내를 존중하고, 부드럽게 말하고, 바람피우지 않고, 권한을 넘겨주고, 옷과 장신구를 사주며 아내를 섬겨야 한다고 했다. 그리고 아내는 맡은 일을 잘해내고, 친척들을 모두 환대하고, 바람피우지 않고, 남편이 벌어온 재물을 잘 관리하고, 모든 일을 처리함에 근면하고 능숙하게 하며 남편을 사랑으로 돌보아야 한다고 했다.

부모와 자녀의 관계에서 자녀는 부모님을 봉양하고, 주어진 의무를 다하고, 가문의 전통을 이어가고, 상속인으로 부모의 가르침대로 실천하고, 부모가 돌아가시면 그분들을 위해서 보시하며 부모를 섬겨야 한다고 했다. 그리고 부모는 나쁜 짓을 삼가도록 하고, 좋은 일을 하도록 하고, 교육을 받고 기술을 배우게 하고, 어울리는 배필과 맺어주고, 적당한 때 유산을 물려주며 자녀를 사랑으로 돌보아야 한다고 했다.

스승과 제자의 관계에서 제자는 일어나서 맞이하고, 미리 가서 기다리며, 열심히 배우려 하고, 공손하게 시중을 들고, 가르침을 받을 때 주의를 기울여 배우며 스승을 섬겨야 한다고 했다. 그리고 스승은 가르쳐야 할 것을 가르치고, 이해했는지 확인하고, 모든 분야의 교육을 철저히 하고, 친구와 동료에게 제자를 추천하고, 어디서나 안전하게 보호해 주며 제자를 사랑으로 돌보아야 한다고 했다.

주인과 고용인의 관계에서 주인은 힘에 맞게 일거리를 배당해 주고, 음식과 급료를 지급하고, 병이 들면 치료해 주고, 특별히 맛있는 것을 같이 나누고, 적당한 때에 쉬게 하며 하인과 고용인을 섬겨야 한다고 했다. 그리고 고용인은 먼저 일어나고, 나중에 자고, 주어진 것에 만족하고, 주어진 일을 잘 처리하고, 주인에 대한 명성과 칭송을 이야기하며 주인을 사랑으로 돌보아야 한다고 했다.

지금으로부터 2,500여 년 전 인도뿐만 아니라 세상은 아내가 남편에게 제자가 스승에게 고용인이 주인에게 자식이 부모에게 일방적인 존경과 복종을 강요하던 시대였다. 붓다는 이들의 관계는 일방적이 아니라 서로 섬기고 사랑해야 하며 이렇게 할 때 보호받고 안전하고 편안하다고 했다.

종교마다 자신들의 교리가 진리라고 말하나, 진리는 보편타당하고 합리적이어야 한다. 시대와 지역, 인종과 성별에 관계없이 모든 사람의 평등한 권리를 주장하는 것이 진리일 것이다.

3. 경제

미국의 임상심리학자 매슬로우(A. H. Maslow)는 자신의 임상 경험을 바탕으로 인간의 내부에 잠재하고 있는 욕구는 생리적 욕구에서부터 자기실현의 욕구까지 5단계의 계층을 이루고 있다고 주장하였다. 그리고 사람이 자기실현의 단계에 들어서기 위해선 먼저 아래 단계에 있는 기본적 욕구들이 충족되어야 한다고 설명했다. 이는 자기실현의 욕구가 추진력을 얻기 위해선 먼저 경제적 결핍 상태(생리적 욕구와 안정 욕구)가 극복되어야 한다는 점을 말하고 있다.

이와 마찬가지로 깨달음이라는 정신적 목표를 이루는 것을 궁극적 목표로 하는 불교도 사람의 경제적 요건이 충족되지 않은 상태에서는 정신적 수행 또는 구도(求道)가 제대로 이루어지기 어렵다는 점을 인정한다. 다시 말하면, 불교는 정신적 행복을 이루려면 물질적 행복이 필요하다는 점을 인식하고 있다. 붓다가 자신을 찾아온 배고픈 농부에게 설법을 미루고 허기부터 면하도록 식사를 제공한 일화가 이를 잘 보여 준다. 불교는 정신적 진보와 물질적 진보를 두 방향으로 가는 두 힘으로 간주하지 않고, 한 가지 목표로 수렴되는 상호 과정으로 이해한다. 비록 경제적인 부가 중요하기는 하지만, 그것은 그 자체가 목적이 아니라 인간의 정신을 고양시키고 삶의 질을 향상시키는 토대일 뿐이다. 경제 성장이 물질의 풍요를 약속한다고 해도 환경 파괴와 인간성 파괴라는 극복하기 힘든 부산물을 낳는다면, 미래는 결코 우리를 행복으로 이끌지 못할 것이다. 그러므로 불교는 적절한 수준으로 부를 창출하고 합리적 소비를 해야 사람들이 자기 가능성을 향상시킬 수 있는 삶, 선이 늘어나는 삶에 이른다고 주장한다. 불교 경제 사상은 바로 이러한 전제에 기반을 두고 있다.

1) 불교 경제학

경제학은 인간의 생활에서 부(富) 또는 재화 및 용역의 생산·분배·소비 활동을 다루는 사회과학의 한 분야이다. 서구에서 경제학이 하나의 체계적인 독립 과학으로 성립된 것은 1776년 아담 스미스(Adam Smith)가 『국부론』을 출간한 데에서 비롯된다. 현대 경제학은 물자의 소비량을 행복의 지표로 해서, 자신에게 이익을 주는 일의 추구를 목적으로 하고 있다. 현대 경제학은 다른 학문 분야들처럼 객관성을 유지하려고 노력한다. 그러나 그 과정에서 윤리, 도덕과 같은 주관적 가치는 배재된다.

1973년 영국의 경제학자 슈마허(E. F. Schumacher)는 미얀마의 경제 고문으로 불교국가 미얀마에 체재했던 경험을 바탕으로 『작은 것이 아름답다』라는 책을 출판하였다. 이 저서에서 슈마허는 중간기술과 불교경제학 등 혁신적인 경제 철학과 기술 개념을 제시하여 성장 위주의 경제학에 제동을 걸었다. 그가 처음 사용한 불교 경제학이란 용어는 불교 사상에 기반한 경제 이론이라는 의미로 오늘날 사용되고 있다.

　불교 경제학의 기본 원리는 크게 보면 소박함과 비폭력이다. 소박함이란 욕심을 적게 내고 만족할 줄 아는 마음을 말한다. 점점 더 많이 소유하려는 탐욕 때문에 인류는 자연을 정복 대상으로 보고 자연을 착취하고 개발하는 데 열중하고 있다. 그리하여 자연 파괴와 환경오염은 오늘날 인류의 생존과 삶의 질을 위협하는 심각한 문제가 되고 있다. 반면에 불교는 탐욕을 최소화하고 만족할 줄 아는 삶을 살도록 가르친다. 비폭력은 자애와 연민의 감정으로 모든 생명에 대해 폭력을 행사하지 않는 것이다. 경제학에서는 자연에 대한 공격적 자세를 버리고 자연과 상생하면서 자연이 주는 자원을 효율적으로 사용하는 것으로 나타난다. 오늘날에는 경제적 이윤 추구와 성장 위주의 근시안적 경제 정책으로 자연에 대한 무분별한 개발로 환경오염 등의 문제가 심각한 상황이며 이에 대한 반성도 대두되고 있다.

　초기 경전인『담마빠다(Dhammapada)』는 마치 벌이 꽃의 향기나 아름다움을 해치지 않고도 꽃가루를 모아서 달콤한 꿀로 만들어 내듯이 승려는 마을에 탁발을 다녀야 한다고 말한다. 이와 마찬가지로 인류도 자연을 착취나 수탈의 대상으로 여기지 말고 온당하게 이용해야 한다.

2) 불교의 노동관

　노동이란, 일반적으로 '인간이 자신의 생활을 유지하거나 자신을 실현시키기 위해서 신체적·정신적 힘을 자연에 작용시켜 인간 생활에 적합한 형태로 변화시키는 활동'이라고 정의할 수 있다. 불교 용어 중에는 업(業, karma)이 가장 비슷한 말인데, 'kr'라는 어근에는 '하다, 만들다, 생산하다, 준비하다, 완수하다' 등의 뜻이 있고, 'karma'에는 '행위, 행동, 일, 활동, 작업, 가업' 등의 의미가 있다. 불교에서 바라본 노동의 세 가지 의미에 대해서 살펴보자.

첫째, 노동에는 경제적인 의미가 있다. 붓다는 『앙굿따라 니까야(Aṅguttara-Nikāya)』의 「디가자누 경(Dīghajāṇu-sutta)」에서 어떤 직업이든 자신이 종사하는 직업에 숙련되어야 하고 능력을 갖추어야 하며, 근면하고 원기 왕성해야 한다고 말한다. 그리고 자신의 이마에 땀을 흘리며 정당하게 벌어들인 소득을 보존해야 한다고 말한다. 이처럼 불교에서는 노동의 경제적 의미에 대해서 상당히 긍정적인 평가를 하고 있다.

노동의 경제적 의의는 아무리 강조해도 지나치지 않겠지만, 이 경제적 의미에만 너무 집착할 때 오히려 인간의 진정한 행복이 파괴된다는 점을 기억할 필요가 있다. 붓다는 『아나타삔디까(Anāthapiṇḍika)』에게 재가자의 네 가지 행복에 대해서 말씀하셨다. 네 가지 행복 가운데 세 가지 행복이 경제적인 행복인데, 경제적인 행복은 정신적 행복의 16분의 1의 가치도 되지 못한다고 붓다는 말씀하셨다.

둘째, 노동에는 사회적인 의미가 있다. 인간의 노동은 개별적으로 고립·분산되어 행해지는 것이 아니라, 사회생활 가운데서 여러 개체적 노동과 유기적인 관련을 갖고 수행된다. 노동은 항상 분업과 협업으로 이루어진다는 점에서 노동 자체가 이미 사회성을 띠고 있다고 보아야 할 것이다. 그럼에도 불구하고 우리는 노동의 사회성을 망각한 채 노동을 통해서 '개인적인 이익만을 추구'하는 데에 문제가 있다. 그 결과 우리 사회에는 결과만을 강조한 편의주의가 만연해 있다. 물론 사람들은 여전히 도덕성을 부르짖고 있다. 하지만, 그것

역시 일종의 편의주의에 불과하다. 그것을 주장하는 것이 자기 이익에 도움이 되기 때문이다. 이제는 자기 이익이 일종의 사회적 가치가 되어 버렸고, 우리 사회를 지배하는 편견이 되어 버렸다. 이 점과 관련해서, 붓다는 자신과 남 모두의 이익을 위해 수행하는 자를 으뜸이자 최고이며 훌륭한 사람이라고 말씀하신 점을 깊이 되새겨 볼 필요가 있다. 또한 붓다는 재산과 먹을 것이 풍족한 사람이 혼자서만 독식하는 것은 파멸의 문이라고 경계하셨다. 이러한 점에 비추어 볼 때 노동은 비단 자신뿐만 아니라 타인을 위한 것이라는 점을 알 수 있다.

셋째, 노동에는 종교적인 의미가 있다. 어떤 바라문이 붓다가 탁발을 하려고 서 있는 것을 보고서 붓다에게 "사문이여, 나는 밭을 갈고 씨를 뿌리며, 밭을 갈고 씨를 뿌린 뒤에 먹습니다. 그대 사문도 밭을 갈고 씨를 뿌린 뒤에 드십시오."라고 말한다. 그러자 붓다는 "바라문이여, 나도 밭을 갈고 씨를 뿌린다. 밭을 갈고 씨를 뿌린 뒤에 먹는다."라고 말한다. 이는 불교에서 노동은 비단 가시적인 이윤을 창출하는 생산활동 뿐만 아니라 영적인 이윤인 깨달음을 창출하는 종교적인 의미가 있음을 인정하는 예이다. 노동의 종교적인 의미는 불교의 궁극적 이상인 열반의 현세적 특성에 의해서도 드러난다. 열반은 현재의 이 세상을 떠난 저 먼 피안의 영역에 속해 있지 않고 열반은 현실에 기반을 두고 있다. 그래서 나가르주나(Nāgārjuna)는 열반과 세간 사이에는 털끝만큼의 차별도 없다고 주장하였던 것이다. 대승불교 경전인 『화엄경(華嚴經)』에 보면, 여기에서 한 걸음 더 나아가 노동은 말할 것도 없고 심지어 일상적인 생활 속에서도 수행의 정신과 자세를 견지해야 한다는 입장을 취하고 있다. 이러한 대승불교의 정신은 '하루 일하지 않으면 하루 먹지 않는다[一日不作 一日不

食]'는 백장(白仗)의 청규(淸規)라든가, 백용성 스님의 선농일치(禪農一致) 운동으로 이어지고 있다.

3) 불교의 소비론

경제학에서 말하는 '소비'란 경제 활동을 하는 데 있어서 재화나 서비스의 처분 행위를 말하는 것으로 모든 경제 행위는 결국 소비와 관련된다고 할 수 있다. 그런데 이러한 소비를 불교의 입장에서 보면, 재화에 대한 인간의 무한한 욕구를 충족시키는 과정이라고 볼 수 있다. 재화는 한정되어 있기 때문에 재화와 욕구의 관계는 항상 긴장 관계에 있음을 확인하게 된다. 이러한 상황에서 붓다는 욕심을 적게 하고 만족할 줄 알라는 '소욕지족(少欲知足)'을 가르쳤다. 이 가르침을 소비와 관련하여 해석하면 '최소한의 소비로써 인간의 만족을 극대화하려는 입장'이라고 할 수 있다.

우리는 이러한 소욕지족의 생활을 초기불교의 승가(僧伽)에서 확인할 수 있다. 초기불교의 승가는 걸식과 신자들의 보시로 생활하는 완전한 소비 공동체였다. 승가 구성원들의 소비 생활은 놀랄 만큼 간소하여 하루 한 번 정해진 시간의 탁발을 통해서 음식을 얻고, 남루한 천 조각을 바느질하여 만든 황색 옷을 입었다. 숲속이나 나무 아래서 잠을 자고, 소 오줌으로 만든 상비약을 사용하였다. 신자들이 희사한 물품은 감사의 마음으로 최대한 아끼며 사용하였다. 이처럼 초기 불교 승가의 검소하고 금욕적인 소비 정신은 현대인들의 무절제한 소비에 많은 점을 시사한다.

한편 붓다는 사회생활을 하는 일반인에게는 합리적인 계획에 의한 균형 있는 소비를 권장하였다. 어느 때 붓다는 시갈라(Sigāla)라는 한 바라문 청년에게 소득의 4분의 1을 생활비로 쓰고, 2분의 1은 사업에 투자하고 나머지 4분의 1은 비상용으로 저축해야 한다고 말씀하셨다. 디가자누(Dīghajānu)에게는 현세에서 행복으로 인도하는 네 가지 요소 중 하나로 균형 잡힌 생계를 들었다. 뿐만 아니라 붓다는 부를 혼자서 독점하지 말고 가족, 친구, 동료 등 주변인들의 행복과 종교인들에게 희사하는 데에도 사용해야 한다고 말씀하셨다. 이처럼 불교는 부가 균형있게 소비되어야 하고 그러한 소비는 자신뿐만 아니라 타인의 행복을 위해서임을 역설하였던 것이다.

4. 사회복지

사회복지는 국민의 생활 안정 및 공중위생, 사회 보장 제도 등 복리를 향상시키기 위해 힘쓰는 일이나 그와 관련된 정책 등을 통틀어 이르는 말이다. 과거 전통 사회에서는 빈곤의 원인이 오로지 개인적 원인으로 비롯되는 것으로 보았으나, 산업 혁명 이후 자본주의가 발달하는 과정에서 빈부 격차가 심화되고 노동자의 열악한 생활 환경 문제 등이 대두되면서 국가의 적극적인 개입과 조정이 필요하게 되었다. 그 결과 정부가 국민에게 최소한의 인간다운 생활을 보장하고자 하는 복지 정책이 입안되고 실시되었다. 이러한 복지 정책의 시초는 산업 혁명 이전에 제정되었던 1601년 영국의 엘리자베스 구빈법(救貧法, Poor Law)이다. 본격적인 의미의 사회 보장 제도는 독일의 비스마르크(Bismarck)에 의해 시작되었으며, 이 시기에 질병 보험, 재해 보험, 노령 보험 제도 등이 채택되었다. 1942년 영국 정부에 제출된 베버리지 보고서(Beveridge Report)에 의해 '요람에서 무덤까지'의 복지를 국가가 책임져야 한다는 적극적인 사회 보장 제도의 확립이 이루어졌다.

종교적 이념과 가치는 기본적으로 인간의 자유와 평등 그리고 정의와 관련되며, 궁극적으로는 이 땅에 이상사회를 실현하고자 하는 데 목적을 두고 있기 때문에 사회복지가 추구하는 가치와 그 맥을 같이하고 있다. 불교의 이념과 가치는 고통의 종식과 최고의 행복인 열반의 실현이다. 그렇게 본다면, 불교의 사회복지란 불교를 주체로 하여 전개되는 복지 활동이자 불교 정신으로부터 필연적으로 나오는 사회적 실천이라고 정의할 수 있다. 또한 불교를 주제로 하는 만큼 그것은 공적인 사회복지정책이 쉽게 실현할 수 없는 정신적 구제와 인성의 교정을 특징으로 한다. 미국의 사회학자 프리들랜더(W. Fredlander)는 사회복지의 기본가치를 개인존중의 원리, 자발성 존중의 원리(자기결정의 원리), 기회균등의 원리, 사회연대의 원리의 네 가지로 제시하였다. 이 네 가지에 대입하여 불교 사회복지를 설명하기로 한다.

1) 개인존중의 원리

모든 사람은 인간으로서의 가치, 품위, 존엄 등을 지니므로 인간은 인종, 성, 정치·경제·사회적 지위, 종교, 국적, 지능, 육체적 조건 등의 속성으로 인해 차별 대우를 받는 일이 없어야 하며, 인간으로서의 존엄과 기회의 균등을 보장받아야 한다. 불교는 모든 인간이 깨달음을 실현할 수 있는 잠재력을 지니고 있기에 모든 인간은 존중

받을 가치가 있으며, 따라서 각 개인의 권리가 보호되어야 한다고 본다. 불교의 불성(佛性) 사상도 개인존중의 원리를 지지한다. 불성 사상이란 모든 인간이 깨달음의 가능성을 간직하고 있으므로 언제든지 붓다와 같은 이상적 인간으로 변화할 수 있음을 시사한다. 번뇌와 같은 장애로 인해 지금은 불성을 드러내지 못하지만 붓다가 될 가능성은 항상 열려 있다. 이러한 불성 사상은 인종, 연령, 성별, 지위, 부, 신체적 차이 등에 관계 없이 인간이 본질적으로 모두 평등하다는 것을 시사한다. 이러한 인간 평등의 논리는 타인도 나와 마찬가지로 존중되어야 하는 존재임을 드러낸다.

2) 자발성 존중의 원리(자기결정의 원리)

인간은 스스로 선택하고 결정을 내릴 수 있는 자유로운 권리와 욕구를 가진다. 업(業)은 본질적으로 선하거나 나쁜 의도이다. 그래서 모든 행동이 다 업이 되는 것이 아니라 오직 의도적 행위만이 업이 된다. 이는 사람이 도덕적 행위에서 선택의 자유를 지닌다는 점을 말해준다. 이러한 선택으로 인간은 자신의 장래 운명을 만들어 나가는 힘을 지니고 있다. 사람 운세가 올라가고 내려가는 것은 자기 행위에 달려 있으며 행복해지거나 비참해지는 것도 역시 그러하다. 더구나 업은 사후에 윤회를 계속하게 만드는 원인이며 종자일 뿐만 아니라 현생에서도 좋거나 나쁜 과보를 초래하여 인격과 운명에 결정적인 영향을 끼친다.

예를 들면, 사람을 비롯한 모든 생명에게 친절과 자비를 베풀게 되면 우리는 날이 갈수록 선량하게 되며, 쉽게 성을 내지 않는 성격으로 변한다. 이처럼 사람은 누구나 옳은 방향으로 노력함으로써 자신의 운명을 개선할 수 있다.

3) 기회균등의 원리

기회균등이란 모든 사람은 평등하게 기회를 보장받는 것이다. 수많은 민주주의 국가에서는 기회균등을 완벽하게 보장하려고 다양한 정책들을 펴고 있다. 이러한 기회균등의 개념에서 탄생한 것이 공교육 등을 골자로 하는 형식적 평등이다.

불교에도 이와 유사한 인간 평등의 원칙이 존재한다. 첫째는 승가에서의 평등이다. 붓다는 모든 사람에게 개방된 이상적 공동체로 승가를 설립하였다. 그래서 카스트와 상관없이 누구나 비구나 비구니로서 출가할 수 있었다. 둘째는 기회의 평등이다. 붓다는 설사 사람들의 신분과 계급 등은 다를지언정 모든 사람은 능력에 따라서 동등한 기회를 보장받아야 한다고 주장한다. 셋째는 양성의 평등이다. 붓다는 여성도 남자와 마찬가지로 깨달음에 도달할 수 있다고 보고 승가의 문호를 여성에게 열어주었다. 넷째는 교육의 평등이다. 붓다는 산스끄리뜨어가 아닌 대중어로 설법함으로써 어떠한 교육적 배경을 지닌 사람도 불교를 이해할 수 있도록 하였다.

4) 사회연대의 원리

현대사회에서 인간이 겪는 고통과 괴로움은 한 개인의 책임으로

만 돌릴 수 없으며, 연대적인 책임, 공동의 과제로 임해야 한다는 원리이다. 이러한 원리는 불교의 사무량(四無量, catasso appamaññā)과 사섭법(四攝法, cattārisaṅgahavatthūni)에서 찾을 수 있다. 사무량은 중생을 대하는 가장 올바른 마음가짐이다. 그것은 자(慈, mettā), 비(悲, karuṇā), 희(喜, muditā), 사(捨, upekkhā)의 네 가지이다. 자는 모든 중생들에 대한 따뜻하고 친절한 마음이며, 비는 모든 중생들의 고통과 괴로움을 불쌍히 여겨 덜어주려는 마음이며, 희는 모든 중생들의 행복을 함께 기뻐해주는 마음이며, 사는 모든 중생들에 대한 공평한 마음이다. 사섭법은 원만한 사회생활을 영위하고 화합의 공동체를 구현하는 데 필요한 덕목이다. 그것은 보시(布施, dāna), 애어(愛語, peyyavajja), 이행(利行, atthacariyā), 동사(同事, samānattatā)의 네 가지다. 보시란 부유한 사람은 가난한 사람에게 재물을 베풀고, 지혜로운 사람은 어리석은 사람에게 법을 베푸는 일을 말하며, 애어는 늘 따뜻한 얼굴로 대하고 부드러운 말을 하는 일을 말한다. 이행은 신구의 삼업에 의한 선행으로 사람들에게 이익을 주는 일을 말한다. 동사는 나와 남이 일심동체가 되어 협력하는 일을 말한다.

5) 사회복지의 사례

붓다는 어떤 승려가 병에 걸려 신음하고 있는 것을 보고서 손수 그의 병구완을 해주었다. 어느 도시에 전염병이 창궐하자 붓다는 승려들과 함께 발우에 물을 담아 밤새 거리와 환자들에게 뿌려 전염병의 확산을 저지하고 시민들에게 행복을 가져다주었다. 어느 때 붓다는 배고픈 농부가 자신을 찾아오자 설법을 미루고 먼저 그의 허기부터 달래도록 식사를 제공하였다. 이러한 붓다의 모범을 따라서 불교인들은 다양한 사회복지를 실천해왔다. 불교로 개종한 인도 마우리아 제국의 아쇼까 왕은 인간과 동물을 위한 병원을 세우고 약초를 재배하게 했으며, 가로수를 심고 우물을 파 휴게소나 물 마시는 곳을 만드는 등 인간과 동물의 안락을 위해 애썼다. 이외에도 남아시아와 동아시아 불교도들은 빈민 구제, 공공복지 증진 등에 앞장서 왔다. 이처럼 사회복지 정책이나 자선 활동은 서양보다 동양에서 일찍 시작되었다. 그 배경에는 불교의 인간평등, 생명존중, 자리이타의 가르침이 있음은 물론이다.

5. 4차산업혁명과 AI

유발하라리는 호모사피엔스의 역사에서 중요한 혁명을 크게 '인지혁명-농업혁명-과학혁명'으로 구분한다. 이 가운데 과학혁명 안에 이른바 산업혁명이 포함된다. 산업혁명이란 에너지 전환의 혁명을 말한다. 화석연료를 태워서 에너지를 얻는 새로운 방식이 시작된 것이다. 이전에 인류는 에너지를 거의 식물에 의존해서 획득했다. 하지만 인류는 산업혁명을 통해 값싸고 풍부한 에너지를 기반으로 제2차 농협혁명을 이루어냈다. 기존의 전근대적 농업과는 비교할 수 없는 생산성을 갖게 된 것이다. 그 배경에는 인공비료, 살충제, 호르몬제와 약물, 교통 수단의 획기적인 발달로 인한 먼거리 수송, 그리고 냉장장치 개발로 인한 저장기한의 증가, 닭이나 돼지 등 동물 대량생산을 가능케 한 기계화 등이 놓여 있다.

1) 소비주의와 붓다의 가르침은 양립할 수 없다

　산업혁명으로 가장 발달한 것은 소비시장의 극대화이다. 바야흐로 산업혁명으로 오늘날 자본주의가 꽃을 피웠다. 기존의 시장경제 시스템을 대체하는 새로운 경제시스템이 바로 자본주의의 등장이다. 그리고 자본주의는 끊임없는 소비를 미덕으로 하면서 더 많은 재화와 용역의 소비를 긍정적으로 바라본다. 이렇게 되면서 기존의 인간과 자연을 중심으로 한 윤리적 세계관은 붕괴하고, 이윤의 극대화가 윤리적으로 지향해야 할 가치로 자리 잡게 된다. 말하자면 인간 욕망의 무한한 긍정이 드디어 가능해지게 된 것이다.

　붓다의 가르침의 핵심은 '욕망에 대한 철저한 이해와 완벽한 통제'라고 할 수 있다. 오늘날 자본주의-시장주의의 원리와는 정반대에 위치해 있다고 할 수 있다. 붓다의 경제관은 기본적으로 공유경제와 닮아있다. 그리고 소비 욕망의 최소화와 건강한 시장경제를 통한 공동체 전체의 행복을 추구한다. 붓다의 무소유에 대한 가르침은 아무것도 갖지 않는 것이 아니라, 자신이 소유하고 있는 것에 대한 '집착'을 내려놓는 것을 말한다. 말하자면 무집착의 경제 시스템이 '무소유'이다.

　산업혁명으로 촉발된 욕망의 긍정은 결국 자연 생태계의 무분별한 개발과 착취, 그리고 남획으로 인해 인간 생존의 위협이라는 부메랑으로 돌아왔다. 지구온난화, 해수면 상승, 광범위한 오염과 종의 멸종 등은 생명의 터전인 지구를 우리가 살기에 부적합한 환경으로 변화시키는 방향으로 기울게 했다. 하지만 이러한 현실에도 선진국 중 그 어느 나라도 지구 생태계보다는 경제적 이윤을 우선시하는 정책을 포기하지 않고 있다.

산업혁명 이전에는 자연의 시간에 따라 움직이는 경제였다면, 산업혁명은 인간이 정한 시간표에 따라 움직이는 경제로의 전환이라고 할 수 있다. 산업혁명은 18세기 증기기관과 철도 건설로 대표되는 제1차 산업혁명과 19세기 말 생산 공장의 획기적 발전으로 인해 대량 생산이 가능해진 제2차 산업혁명, 그리고 1960년대부터 반도체, 퍼스널 컴퓨터, 인터넷 등을 중심으로 한 제3차 산업혁명으로 구분된다. 그리고 21세기에 접어들면서 유비쿼터스, 모바일, 인터넷과 인공지능을 핵심으로 하는 제4차 산업혁명이 시작되었다. 제4차 산업혁명(The 4th Industrial Revolution)이란 용어는 2010년 독일의 '하이테크 전략 2020'의 10대 프로젝트 중 하나인 'Industry 4.0'에서 '제조업과 정보통신의 융합'을 뜻하는 의미로 사용된 것이 그 시작이었다.

제4차 산업혁명은 '초연결성', '초지능화'라는 특성으로 설명된다. 구체적으로 인간과 인간, 사물과 사물, 인간과 사물이 상호 연결되

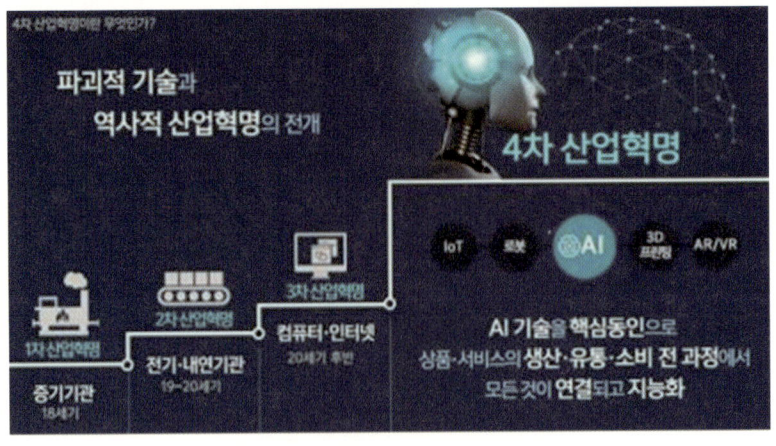

《디지털디지온》 2020년 9월 10일 기사

고 빅데이터와 인공지능으로 보다 지능화된 사회의 실현을 목표로 한다. 제4차 산업의 기술로는 인공지능, 로봇공학, 사물인터넷, 자율주행차량, 3D 프린팅, 나노기술, 생명공학, 에너지 저장기술, 양자 컴퓨터 등 다양한 영역이 있다.

2) AI의 등장, 그러나 아직 풀지 못한 인류의 남겨진 숙제

한편 인공지능(AI)은 궁극적으로 "사람처럼 생각할 수 있고, 새로운 경험을 통해 학습할 수 있으며, 스스로 결론을 내릴 수 있는" AGI(Artificial General Intelligence)의 구현을 목적으로 한다. 인간과 구별되지 않을 정도의 지능을 갖춘 인공지능의 출현을 바라보는 시선은 두려움과 기대로 크게 나뉜다. 인공지능에 대한 기대와 경이감은 인공지능이 새로운 산업사회로의 도약을 가능케 할 것이라는 담론으로 이어진다. 한편 인공지능에 대한 두려움은 산업사회 속에서 인공지능이 인간을 대체하여 인간이 잉여 존재가 되거나, 더 나아가 인공지능이 인간지능을 넘어서 초지능이 되면 인공지능이 인간과 지구를 지배하게 될 가능성을 말하는 담론으로 이어진다. 이러한 담론은 사실 전문가들 사이에서 가끔씩 회자되다가, Chat GPT의 출현으로 이제는 모든 사람들의 관심사가 되었다. 이제 실제 대화가 가능한 생성형 AI가 출현한 것이다. 그리고 그 발달속도는 인간이 예측한 것보다 훨씬 빠르게 진행되고 있고, 어떠한 규제나 감시시스템이 없이 전세계의 수많은 기업들과 연구소가 경쟁적으로 AI개발에 몰두하고 있다. 이에 대해서 구글에서 AI연구의 대부로 손꼽히는 제프리 힌턴(Geoffrey Hinton)교수의 말은 주목할 만하다. 〈MIT technology review〉에 게재된 인터뷰에서 그는 "차세대 대형 언어모델, 특히 오픈AI가 2023년 3월에 출시한 GPT-4를 통해 인공지능이 생각했던 것보다 훨씬 더 똑똑해지고 있다는 사실을 깨달았다."고 밝혔다.

인간은 아직 제4차 산업혁명과 AI시대를 어떻게 만들어가야 할지 모른다. 그저 이전의 산업혁명과는 다른 차원의 풍요로운 삶을 가져다 줄 것이라는 막연한 장밋빛 전망속에 기대고 있을 뿐이다. 그리고 우리는 아직 새로운 윤리적 가치도 세우지 못했다. 기존의 가치관은 붕괴되었는데, 사회를 유지해 줄 새로운 가치관의 부재는 현대를 살아가는 사람들을 더욱 불안하게 만들고 있다.

제3차 산업혁명으로 인간은 지구의 황폐화와 인간의 소외라는 예기치 않은 결과에 직면했다. 그리고 이제 초연결 사회라는 제4차 산업혁명의 시대로 진입하고 있다. 이 새로운 시대는 과연 지금 우리가 직면한 문제들로부터 자유로울 수 있을까. 그리고 인간의 지능을 넘어선 초지능의 출현과 인간은 공존할 수 있을까.

영화 〈인류멸망보고서〉(2012)는 초지능 로봇의 등장을 다루고 있다. 그 로봇은 깨달음을 얻은 존재로 묘사된다. 과연 인공지능은 깨달을 수 있을까. 그리고 과잉정보화 시대에서 인간은 옳은 정보와 거짓 정보를 구분하면서 조화로운 삶을 영위할 수 있을까.

3) AI 시대, 불교가 해야 할 일

불교는 이러한 질문에 대답해야 한다. 그리고 무엇을 어떻게 해야 하는지에 대한 구체적인 방법론도 제시해야 한다. 또한 영화의 이야기처럼, 과연 인간의 지능을 넘어선 인공지능이 출현하면, 불교는 그 인공지능이 깨달을 수 있는지에 대한 답변을 제시해야 한다. 이는 당연히 인간과 AI의 관계 설정을 어떻게 해야 하는가에 대한 존재론적이면서 윤리적인 문제를 수반한다. 불교에서 인간은 오온이 임시로 화합한 구성된 존재로 이해한다. 이는 그대로 AI에게도 적용된다. 결국 인간이나 AI나 구성된 존재(constructed being)라는 점에서는 본질적으로 같다. 한편 이 문제는 불성(佛性, buddha-dhātu)사상과도 밀접한 관련을 갖는다. 일례로 조주 스님의 구자무불성(狗子無佛性)화두는 AI에게도 그대로 적용될 수 있는 문제이다.

조주 화상에게 한 스님이 물었다. "개에게도 불성이 있습니까?" "없다(無)."	어떤 사람이 스님에게 물었다. "로봇에게도 불성이 있습니까?" "없다(無)."

앞으로 불교는 이 문제에 답을 해야 한다. '개의 불성 존재 여부'는 모든 존재가 깨달음을 얻을 수 있다는 명제를 나타낸 것이다. 여기에 조주 스님이 '없다'고 답한 것은 일반적인 사유를 뒤흔들어 '있다'와 '없다'로 구분된 우리의 의식을 파괴시킨 것이다. 이 질문은 인간의 일상적인 사유의 패턴을 뛰어넘어 세상을 '있는 그대로' 보게 하는 능력을 개발시키는 도구적 기능을 한다.

한편 로봇의 불성 여부는 조주 스님의 문답과는 일맥상통하면서 로봇을 대하는 인간의 태도를 묻는 질문이 된다. 인공지능이 발달해 가는 현실에서 시점은 언제일지 모르지만, 불교는 이에 대한 답변을 반드시 내어 놓아야 한다.

한편 초연결 사회는 불교의 연기사상의 관점에서 이해해야 할 것이다. 빠르게 진화하고 있는 사물인터넷(IoT, Internet of things)은 매우 촘촘하게 연결된 네트워크 세상이다. 즉 "정보통신기술을 기반으로 다양한 물리적·가상적 사물들을 연결하여 진보된 서비스를 제공하기 위한 글로벌 서비스 인프라이다."라고 정의되는 네트워크 세상은 인드라망(Indra's net)의 개념과 정확하게 일치한다. 인드라망으로 표현되는 불교의 연기사상은 기본적으로 상호인과성을 바탕으로 한다. 이는 기계론적 인과론과는 다르다. 그래서 상호인과성을 연기론적 인과론이라고도 한다.

제4차 산업혁명과 그것의 핵심으로 제시된 인공지능은 한마디로 '고도화된 정보화 시대'라고 할 수 있다. 이러한 시대에 불교는 무엇을 해야 할까. 오늘날 인공지능은 주로 딥러닝(Deep learning) 방식으로 학습하는 방법을 선택한다. 곧 인터넷상에 존재하는 기존의 정보를 바탕으로 또다른 정보를 만들어 내는 방식이다. 그렇기에 현재 인공지능은 인간과 같이 창의적으로 정보를 생산하는 지능을 가진 존재는 아니다. 주어져 있는 정보의 양과 질에 따라 생산하는 정보의 내용이 결정된다. 그렇기에 우리는 AI에게 불교와 관련된 올바른 정보를 지속적으로 제공하고, 학습시키는 과정에 열심히 참여해야 한다. 잘못된 정보를 비판하고, 수정하는 작업은 앞서 잘못된 정보와 올바른 정보를 구분하게 하는 중요한 토대가 된다.

제4차 산업혁명과 AI가 비약적으로 발전해 가는 상황에서 불교가 과학적 진보를 앞장서 이끌어갈 수는 없다. 그렇다면 불교는 무엇을 해야 할까. 불교는 다시 인간을 말하고, 생명을 말하며, 존재하는 것들의 행복(sukha)에 대해서 우리들의 주의를 환기시키는 일을 해야 한다. 인간이, 생명이, 존재하는 것들이 소외되지 않으면서 제4차 산업혁명과 AI시대가 건강하게 발전해 갈 수 있도록 하는 일을 해야 할 것이다.

6. 문화

불교 교리의 실천은 신앙심, 생활 규범, 예배 의식으로 이어진다. 그래서 이를 위한 예배 대상이나 공간과 공간을 성스럽게 장엄하는 유·무형의 물질이 필요하다. 수행하는 과정에서 형성되는 생활 방식, 의례, 건축, 조각, 회화, 음악, 문학 등은 불교문화를 형성한다. 불교문화는 시대와 지역에 따라 각기 다른 문화적 특성이 반영되어 변화하면서 시공간적으로 다양하고 차별된 독특한 모습을 보이며 불교의 정체성과 세계관을 드러낸다.

1) 수행생활

승가 형성 초기에 스님들은 한 장소에 정착하지 않고 마을과 마을을 다니면서 불법을 전하며 동굴이나 나무 아래, 또는 무덤 주변 등에서 휴식을 취하고 수행했다. 그러다 재가자들의 보시로 사원이 건립되면서 사원에서 머물며 생활하는 스님들도 생겼다. 인도에서는 몬순기후의 영향으로 우기가 되면 이동도 어렵고, 걸어 다니면 벌레를 죽일 수도 있어 이때는 돌아다니지 않고 3개월 동안 한곳에 머물렀다. 이를 안거(安居)라고 하는데, 동아시아불교에서는 여름뿐만 아니라 추운 겨울에도 3개월 동안 안거를 한다.

스님들이 소유할 수 있는 개인 물품은 삼의일발(三衣一鉢)인데, 이는 가사(袈裟) 세 가지와 발우(鉢盂) 하나를 말한다. 가사는 추위를 막고 신체를 보호하기 위한 승복으로 상의에 해당하는 울다라승(鬱多羅僧, uttarāsaṅga)과 하의인 안타회(安陁會, antaravāsa)는 사원에서 일상

생활을 하며 입는 기본적인 옷이다. 승가리(僧伽梨, saṅghāṭi)는 대의(大衣)라 하는데 마을이나 궁중에 들어갈 때 위의를 갖추기 위해 상의에 걸쳐 입는 가사이다. 불교 성립 초기에 가사는 길거리에 버려진 천을 주워다 깨끗하게 빨아 다시 기워서 만들었기에 분소의(糞掃衣)라고도 부른다. 동아시아불교의 가사는 계절과 전통 복식이 인도와 달라 가사의 구성과 형태가 전통적인 인도불교와는 차별성을 갖는다.

세계 불교 국가의 다양한 승복

부처님 재세 시에 스님들은 발우를 들고 마을로 들어가 음식을 걸식하여 정오 이전까지만 먹을 수 있었다. 재가자들이 보시한 음식이면 종류에 상관없이 모두 허용되었다. 다만, 맛있는 음식을 먹고 싶어 일부러 걸식하거나, 사람들에게 보시를 강요하거나, 직접 농사를 짓거나, 음식을 조리해서 먹는 것은 허용하지 않았다. 하지만 동아시아불교에서는 대승불교가 융성했고, 인도와는 다른 사회적 생활환경으로 스님들에게 파·마늘·부추·달래·흥거와 같은 다섯 가지 매운 음식과 고기를 먹지 말 것을 요구했다. 또한 탁발에만 의존하지 않고 스스로 농사를 지어 자급자족할 것을 강조했다.

한국불교의 발우

2) 사원 건축

　재가자들의 보시로 스님들이 머물며 수행할 수 있도록 마련된 최초의 불교 사원은 죽림정사(竹林精舍)이다. 본래 이 사원은 마가다국 가란타 장자 소유의 자이나교 수행처였으나 가란타가 불교에 귀의하면서 땅을 보시했고, 빔비사라왕이 건물을 지었다. 코살라국 기타 태자의 동산에 급고독 장자가 지은 기원정사(祇園精舍)도 유명하다. CE 5세기에 쿠마라굽타 1세가 창건한 나란다 사원은 중국과 우리나라 스님들이 불법을 공부한 불교대학으로 거대한 평지사원이다.
　인도에서는 BCE 2세기부터 석굴사원이 만들어지기 시작했는데, 석굴은 고온다습한 기후와 뜨거운 햇빛을 피할 수 있어 수행하기 좋은 공간이었다. 석굴사원은 탑원굴(塔院窟, cetiya)과 승원굴(僧院窟, vihāra)의 두 형태가 있다. 탑원굴은 굴 안쪽 중앙에 불탑을 봉안하고 그 주위에 기둥을 말발굽 모양으로 세웠는데 이곳에서 불탑을 향해 예배했다. 승원굴은 대부분 네모 형태로 굴안 3면에 작은 방을 만들어서 스님들이 거주하며 수행할 수 있게 만든 공간이었다. 인도의 석굴사원은 서인도 중부 데칸고원의 바위산이나 계곡에 집중적으로 조성되었는데, 아잔타석굴과 엘로라석굴 등이 유명하다.
　불교가 중앙아시아를 거쳐 실크로드를 통해 중국으로 전파되면서 석굴사원 또한 각지에 조성되었다. 아프가니스탄의 바미얀석굴, 쿠차의 키질석굴, 투르판의 베제클리크석굴, 중국의 둔황(敦煌) · 윈깡(雲崗) · 룽먼(龍門)석굴 등이 조성되었다. 특히 4세기 중엽에 착공하여 14세기까지 조성된 둔황 막고굴은 중국불교를 대표하는 가장 오래된 석굴사원이다. 우리나라는 암석이 화강석이라 석굴사원을 조성하기가 어려워 석굴사원을 본떠 통일신라시대에 석굴암을 만들었

부처님이 자주 머물며 설법했던 기원정사, 죽림정사와 함께 불교 최초의 양대 가람이다.

세계 최초, 세계 최대의 종합대학인 인도 나란다 대학. 신라 혜초·당나라 현장스님이 유학한 곳으로 유명하다.

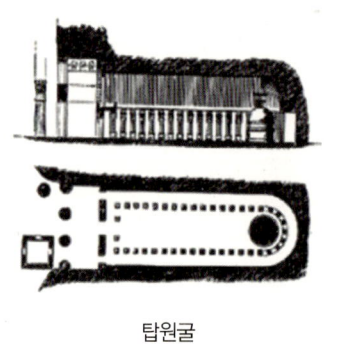
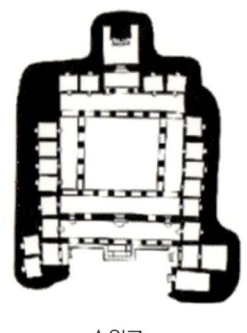

탑원굴   승원굴

다. 석굴암은 종교 예술적 가치와 독특한 건축미를 인정받아 1995년 유네스코 세계문화유산으로 지정되었다.

3) 불상과 불화

불교 사원에 조성된 불·보살상은 부처와 보살의 출현이라는 실제성과 성스러움을 표출한다. 고대 인도에서는 신을 인간 형상과 같은 상을 만들어 숭배하기 보다는 신을 상징하는 상징 숭배가 보편적이었다. 그래서 불교도들은 성스러운 붓다를 인간의 모습으로 조각하는 것을 꺼렸다. 붓다 입멸 후 몇 세기 동안은 붓다가 깨달음을 얻을 때 앉아 있던 자리의 보리수, 다르마를 형상화한 수레바퀴, 걸식에 사용한 발우, 붓다의 발바닥 등을 붓다와 동일시하며 신앙의 대상으로 삼았다. 불상이 조성되기 이전을 무불상기라고 하는데 CE 1세기 무렵까지 이어진다.

서북인도 간다라지역은 쿠샨왕조의 보호 아래 불교의 중심지였다. BCE 3세기부터 이 지역에 그리스인이 이주했고, 이들은 판티온

간다라 불상

괘불

고려불화

신전을 장식한 조각기법을 전파했다. 그리스인의 영향을 받은 간다라지역 불교도들은 그리스 양식으로 불상을 조성하여 예배의 대상으로 삼았다. 이에 비해 북인도 마투라 등의 지역에서는 인도 고유 양식으로 불상을 조성했다. 이들 간다라 불상과 마투라 불상의 특징이 혼합되어 굽타 불상이 만들어지면서 불상 조성이 성행하게 되고, 고행하는 수행자상과 설법하는 붓다상을 비롯해 석가모니불의 일생을 조각했다. 이후 대승불교가 일어나면서 신앙의 대상이 된 아미타불·비로자나불·노사나불·미륵불·약사불·관세음보살·지장보살·사천왕·금강역사 등 여러 부처와 보살과 신장을 인간의 형상으로 표현하기 시작했다.

불상의 조성과 함께 붓다의 일대기나 가르침, 불·보살의 형상은 그림으로도 시각화되었다. 인도와 중국에서는 아잔타석굴이나 둔황석굴 등의 벽면을 그림으로 장식하고, 우리나라에서는 법당의 불상 뒤 벽면에 불보살을 그린 탱화(幀畵)를 걸고, 수륙재나 영산재 등과 같은 규모가 큰 법회를 열 때는 야외에 괘불(掛佛)을 내걸었다. 특히 고려시대 불화는 섬세한 필치와 우아하고 자연스러운 형상, 정교한 문양 등으로 우수성과 독창성을 세계에서 인정받고 있다.

불·보살상들은 경전의 내용을 바탕으로 각기 독특한 형태와 특징으로 표현하여 구별한다. 부처는 머리카락을 묶어 올린 모양의 육계와 머리카락을 돌돌 말은 나발로 두상을 표현하고, 흰색 털이 말려있는 미간과 어깨에 닿을 듯 긴 귀를 가진 모습을 한다. 보살은 구불구불한 긴 머리카락을 늘어트리고, 머리에는 꽃모자를 쓰고 있으며, 가슴에는 보석으로 장식한 구슬 목걸이를 걸치고 있다. 또한, 부처와 보살마다 각기 다른 손모양을 하고 있으며 특정한 상징물을 손에 들고 있기도 한다.

4) 불탑

무불상기에는 주로 불탑(佛塔, stūpa)이 건립되어 숭배되었다. 붓다가 입멸한 뒤 화장하여 나온 사리를 여덟 나라의 국왕이 나누어 가져가 근본 8탑에 봉안하여 숭배의 대상으로 삼았다. BCE 3세기 아쇼까왕이 불교에 귀의한 후 불법을 전파하기 위해 불탑을 열고 사리를 나누어 인도 전역과 주변 국가에 많은 불탑을 세웠다. 현존하는 가장 오래된 불탑의 전형적인 모습을 보여주는 것은 아쇼까왕 대에 조성한 것으로 추정되는 중인도 보팔 지역의 산치대탑이다. 이 탑은 기단 위에 발우를 엎어놓은 듯한 모양으로 흙을 덮었고, 꼭대기에는 우산 모양의 구조물로 장식했다. 산치대탑에는 불상은 없고 불탑·보리수·붓다의 발바닥·대좌 등을 조각하여 꾸몄다. 또한, 불탑을 보호하는 울타리가 있고 불탑으로 들어가는 탑문(torana)을 세워 세속과 성역을 구분하는 경계로 삼았다.

불교가 간다라 지역으로 전파되면서 인도의 불탑은 기단이 점차 좁아지고 높이가 높아졌으며, 중국에서는 다층구조의 누각 형태를 한 불탑을 조성했다. 중국은 목탑도 있지만 벽돌로 만든 전탑이 많고, 우리나라는 목탑도 조성했으나 화강암을 주재료로 한 석탑이 많고, 일본은 목탑이 많다. 백제시대에 만든 미륵사지석탑, 신라시대 황룡사 목조9층탑, 통일신라시대 석가탑과 다보탑, 고려시대 월정사 팔각9층탑 등이 유명하다.

다보탑

석가탑

산치대탑

참고문헌

Aṅguttara Nikāya, PTS
Dīgha Nikāya, PTS
Dhammapada, PTS
Majjhima Nikāya, PTS
Saṃyutta Nikaiya, PTS
Vinaya, PTS
『불소행찬』(T.0192)
『수행본기경』(T.0185)
『잡아함경』(T.0099)
『증일아함경』(T.0125)
PTS : *Pāli Text Society*
T : *Taishō Shinshū Daizōkyō*

Randall Reed. "A.I. in Religion, A.I. for Religion, A.I. and Religion: Towards a Theory of Religious Studies and Artificial Intelligence", *Religions* 2021, 12

Ratnapala, Nandasena (1993). *Buddhist Sociology*, Delhi: Sri Satguru Publications.

Ratnapala, Nandasena(1993). *Buddhist Sociology*, Delhi: Sri Satguru Publications.

Sally B. King (2009). *Socially Engaged Buddhism*, Honolulu: University of Hawaii Press.

각묵 스님, 『초기불교이해』, 초기불전연구원, 2010.

각묵스님 옮김, 『디가니까야』, 울산: 초기불전연구원, 2006

각묵스님 옮김, 『상윳따니까야』, 울산: 초기불전연구원, 2006
김대식, 『챗GPT에게 묻는 인류의 미래』(김민정, 권태형, 유병진, 유지운, 추서연 옮김), 서울 : 동아시아, 2023.
김영욱, 『선의 통쾌한 농담』, 서울: 김영사, 2020.
대한불교조계종 포교원 포교연구실, 『불교문화』, 서울: 조계종출판사, 2019.
대한불교조계종 환경위원회, 『경전 속 환경 이야기』, 대한불교조계종 환경위원회, 2017.
대한불교조계종 환경위원회, 『아름다운 삶의 방식』, 조계종출판사, 2018.
대한불교조계종 환경위원회, 『환경과 불교』, 대한불교조계종 환경위원회, 2017.
데미언 키온(고승학 옮김), 『불교』, 파주: 교유서가, 2020.
동국대학교 불교대학, 『불교입문』, 서울: 동국대학교 출판문화원, 2021.
로버트 라이트, 『불교는 왜 진실인가』(이재석, 김철호 옮김), 시흥: 마음친구, 2019.
리차드 컴스탁 저, 윤원철 역, 『종교의 이해』, 서울: 지식과 교양, 2017.
마이크 앤슬리, 『마음챙김에 대한 거의 모든 것』(박지웅 옮김), 서울:불광출판사, 2021.
맬러리 나이 저, 유기쁨 역, 『문화로 본 종교학』, 서울: 논형, 2020.
베르나르 포르, 『불교란 무엇이 아닌가』(김수정 옮김), 서울: 그린비, 2014.
불교교재편찬위원회, 『불교와의 첫만남』, 서울: 불광출판사, 2018.
사이구사 미쓰요시(이동철 옮김), 『불교 입문』, 서울: AK, 2019.
森永松信(이혜숙 옮김), 『불교사회 복지학』, 서울: 불교시대사, 1992.
송봉주, 『인도 불탑』, 서울: 담앤북스, 2022.
水野弘元 저(석원연 옮김), 『불교용어기초지식』, 들꽃 누리, 2002.
안도 오사무, 『심리치료와 불교』(인경스님, 이필원 옮김), 서울: 불광출판사, 2023.
윌프레드 캔트웰 스미스 저, 길희성 역, 『종교의 의미와 목적』, 서울: 분도출판사, 2018.

유발 하라리, 『사피엔스』(조현욱 옮김), 서울: 김영사, 2016.
이중표, 『근본불교』, 민족사, 2002.
이철헌, 『붓다의 근본 가르침』, 도서출판 아름원, 2022.
장은화, 「서양의 명상 열풍과 맥도날드식 마음챙김」, 『불교평론』 통권84호 봄호, 2021.
장휘옥, 『불교학 개론 강의실』, 장승, 2004.
전재성 역주, 『디가니까야』, 서울: 한국빠알리성전협회, 2011
전재성 역주, 『맛지마니까야』, 서울: 한국빠알리성전협회, 2009
전재성 역주, 『앙굿따라니까야』, 서울: 한국빠알리성전협회, 2018
전재성 역주, 『마하박가-율장대품』, 서울: 한국빠알리성전협회, 2014
정보인, 『챗GPT 이미 시작된 미래, ChatGPT』, 서울 :다온길, 2023.
조애나 메이시·몰리 영 브라운, 『생명으로 돌아가기』(이은주 옮김), 서울:모과나무, 2020.
존 카밧진, 『존 카밧진의 왜 마음챙김 명상인가?』(엄성수 옮김), 서울: 불광출판사, 2020.
찰스 S. 프레비쉬/데미언 키온(청원 옮김), 『불교』, 고양: 어의운하, 2022
프라유드 파유토(김광수·추인호 옮김), 『붓다의 경제 코칭: 중도로 본 불교 경제학』, 서울: 민족사, 2019.
피터 하비(허남결 옮김), 『불교윤리학 입문』, 서울: 씨아이알, 2010.
한국종교인평화회의, 『7개 종교 연대 탄소중립 실천 지침서 불교편』, 한국종교인평화회의, 2023.

별첨

생각해 볼까요?

|제1장| 종교란 무엇인가

학수번호	학과	학번	이름

생각해 볼까요?

1. 이 장의 핵심적인 내용을 담고 있는 문장을 3개 이상 찾아 적어 봅시다.

2. 아래 세 가지 질문 가운데 하나를 선택하여 기술하시오.

❶ 나에게 종교란 무엇일까요?
❷ 내가 신이라면 현대인들에게 꼭 해주고 싶은 말은 무엇일까요?
❸ 자신의 종교를 전파하기 위한 종교 전쟁은 용납할 수 있을까요?

|제2장| 붓다 당시의 인도사회와 사상

학수번호	학과	학번	이름

생각해 볼까요?

1. 이 장의 핵심적인 내용을 담고 있는 문장을 3개 이상 찾아 적어 봅시다.

2. 아래 세 가지 질문 가운데 하나를 선택하여 기술하시오.

❶ 불교와 자이나교 등에서는 '다른 생명을 죽이거나 해치지 않는다.'라는 계를 지킬 것을 강조합니다. 그 이유는 무엇이며 나는 어느 정도의 범위까지 이 규정을 지킬 수 있을까요?
❷ 내 삶에서 지켜나가고 싶은 '나만의 계'를 만들어 봅시다.
❸ 금수저와 흙수저는 신의 뜻일까요? 숙명일까요? 아니면?

|제3장| 붓다의 일생

학수번호	학과	학번	이름

생각해 볼까요?

1. 위 내용의 핵심적인 내용을 담고 있는 문장을 3개 이상 찾아 적어 봅시다.

2. 아래 세 가지 질문 가운데 하나를 선택하여 기술하시오.

❶ 천상천하유아독존(天上天下唯我獨尊)에 담긴 의미는 무엇일까요?
❷ 붓다가 자신과 진리를 섬으로 삼으라고 한 가르침에 담긴 의미는 무엇일까요?
❸ 내 삶에서 마라의 유혹은 무엇일까요?

|제4장| 사성제

학수번호	학과	학번	이름

생각해 볼까요?

1. 이 장의 핵심적인 내용을 담고 있는 문장을 3개 이상 찾아 적어봅시다.

2. 아래 세 가지 질문 가운데 하나를 선택하여 기술하시오.

❶ 지금 내가 가지고 있는 괴로움(불만족)은 무엇이며, 근본적인 원인은 무엇일까요? 또한 그 괴로움에서 벗어나기 위해서는 어떻게 해야 할까요?
❷ 팔정도의 '바른 말' 가운데 '거짓말하지 않기'의 거짓말의 범위는 어느 정도일까요? '선의의 거짓말'도 포함되는 것일까요?
❸ 팔정도의 '바른 생활' 가운데 '남에게 해를 끼치는 생계 수단'에는 어떤 것이 있을까요?

| 제5장 | 오온·십이처·십팔계

| 학수번호 | 학과 | 학번 | 이름 |

생각해 볼까요?

1. 위 내용의 핵심적인 내용을 담고 있는 문장을 3개 이상 찾아 적어 봅시다.

2. 아래 세 가지 질문 가운데 하나를 선택하여 기술하시오.

❶ 감정·느낌을 표현하는 말에는 어떤 것이 있을까요?
❷ 우리 몸에서 땅·물·불·바람의 네 가지 원소를 찾아볼까요?
❸ 우리에게 인식되지 되지 않는 존재, 예를 들면 '귀신'은 있을까요?

|제6장| 삼법인

학수번호	학과	학번	이름

생각해 볼까요?

1. 이 장의 핵심적인 내용을 담고 있는 문장을 3개 이상 찾아 적어봅시다.

2. 아래 세 가지 질문 가운데 하나를 선택하여 기술하시오.

❶ 안 변할 줄 알았는데 좋게 변한 예와 안 좋게 변한 예를 하나씩 적어볼까요?
❷ 사과에는 사과가 없다는 의미가 무엇일까요?
❸ 무상은 허무와는 관계가 없는데, 왜 사람들은 허무라고 잘못 오해하고 있을까요?

|제7장| 연기

학수번호	학과	학번	이름

생각해 볼까요?

1. 이 장의 핵심적인 내용을 담고 있는 문장 3개 이상을 찾아봅시다.

2. 아래 세 가지 질문 가운데 하나를 선택하여 기술하시오.

❶ 기도를 통해 모든 것을 다 이룰 수 있을까요?
❷ 주변 사람들과 관계를 잘 맺으려면 어떻게 해야 할까요?
❸ 원인이 없이 생겨나거나 우연히 생겨나는 것이 있을까요?

| 제8장 | **업과 윤회**

| 학수번호 | 학과 | 학번 | 이름 |

생각해 볼까요?

1. 이 장에서 핵심적인 내용을 담고 있는 문장을 3개 이상 찾아서 적어 봅시다.

2. 아래 세 가지 질문 가운데 하나를 선택하여 기술하시오.

❶ 불교의 윤회와 다른 종교의 윤회와의 차이점은 무엇일까요?
❷ 왜 나쁜짓을 하고서도 잘 사는 사람이 있을까요?
❸ 죽은 뒤에 우리는 어떻게 될까요?

|제9장| 대승불교운동

학수번호	학과	학번	이름

생각해 볼까요?

1. 이 장의 핵심적인 내용을 담고 있는 문장 3개 이상을 찾아봅시다.

2. 아래 세 가지 질문 가운데 하나를 선택하여 기술하시오.

❶ 이타적 행위가 내 삶에 있어 도움을 줄 수 있을까요?
❷ 나는 대가를 바라지 않고 어디까지 베풀 수 있을까요?
❸ 육바라밀 가운데 내 삶에 가장 필요한 바라밀은 무엇인가요?

|제10장| 불교의 전파와 세계화, 그리고 명상

학수번호	학과	학번	이름

생각해 볼까요?

1. 이 장의 핵심적인 내용을 담고 있는 문장을 3개 이상 찾아 적어봅시다.

2. 아래 세 가지 질문 가운데 하나를 선택하여 기술하시오.

❶ 불교가 세계적인 종교로 성장할 수 있었던 요인은 무엇일까요?
❷ 글로벌 기업에서 적극적으로 명상 프로그램을 도입하는 이유는 무엇일까요?
❸ 내가 직면한 문제 중 명상을 통해 해결을 시도해 볼 만한 문제는 무엇일까요?

| 제11장 | **불교와 현대사회_생태**

학수번호	학과	학번	이름

생각해 볼까요?

1. 이 장의 핵심적인 내용을 담고 있는 문장 3개 이상을 찾아봅시다.

2. 아래 세 가지 질문 가운데 하나를 선택하여 기술하시오.

❶ 채식 중심의 식생활은 기후 위기에 어떠한 영향을 미칠까요?
❷ 음식쓰레기를 줄이기 위해 무엇을 실천해야 할까요?
❸ 반려동물을 키우면서 동물권을 생각해 본 적이 있나요?

| 제11장 | 불교와 현대사회_인권

학수번호	학과	학번	이름

생각해 볼까요?

1. 이 장의 핵심적인 내용을 담고 있는 문장 3개 이상을 찾아봅시다.

2. 아래 세 가지 질문 가운데 하나를 선택하여 기술하시오.

❶ 오늘날 한국 사회는 계급이 존재하지 않는다고 생각하나요?
❷ 장애인이 사회생활에서 어려움을 겪게 되는 일들은 어떤 것이 있을까요?
❸ 차별금지법의 제정을 반대하는 이들의 주장은 무엇인가요?

| 제11장 | 불교와 현대사회_경제

학수번호	학과	학번	이름

생각해 볼까요?

1. 이 장에서 핵심적인 내용을 담고 있는 문장을 3개 이상 찾아서 적어봅시다.

2. 아래 세 가지 질문 가운데 하나를 선택하여 기술하시오.

❶ 불교에서 무소유의 진정한 의미는 무엇일까요?
❷ 합리적인 소비는 어떻게 할까요?
❸ 불교의 소욕지족과 미니멀리즘은 어떤 관계일까요?

|제11장| 불교와 현대사회_사회복지

학수번호	학과	학번	이름

생각해 볼까요?

1. 이 장에서 핵심적인 내용을 담고 있는 문장을 3개 이상 찾아서 적어봅시다.

2. 아래 세 가지 질문 가운데 하나를 선택하여 기술하시오.

❶ 경제적인 것 이외에 남에게 베풀수 있는 것은 어떤 것이 있을까요?
❷ 아쇼까왕의 복지정책 가운데 가장 잘했다고 생각하는 것과 그 이유는 무엇인가요?
❸ 남에게 베푸는 것이 곧 나를 이익되게 한다는 것이 어떤 뜻인가요?

|제11장| 불교와 현대사회_4차산업혁명과 AI

학수번호	학과	학번	이름

생각해 볼까요?

1. 위 내용의 핵심적인 내용을 담고 있는 문장을 3개 이상 찾아 적어봅시다.

2. 아래 세 가지 질문 가운데 하나를 선택하여 기술하시오.

❶ AI가 본격화되면 많은 직업이 사라진다고 한다. AI 시대는 과연 인간사회에 긍정적인 역할을 할 것인지, 아니면 부정인 역할을 할 것인지 생각해 봅시다.
❷ AGI가 실현된다면 우리는 AGI와 어떻게 공존할 수 있을까요?
❸ AI 개발은 지속되어야 할까요, 지금의 단계에서 멈추어야 할까요?

| 제11장 | **불교와 현대사회_문화**

학수번호	학과	학번	이름

생각해 볼까요?

1. 이 장의 핵심적인 내용을 담고 있는 문장을 3개 이상 찾아 적어 봅시다.

2. 아래 세 가지 질문 가운데 하나를 선택하여 기술하시오.

❶ 불교와 일반적인 식생활의 차이는 무엇일까요?
❷ 유네스코 문화유산에 등재된 우리나라 무·유형 불교문화재는 어떤 것이 있을까요?
❸ 우리가 일상생활에서 사용하는 불교 용어는 어떤 것이 있을까요?